MODERN ART FOR SALE

DIE BEDEUTENDSTEN KUNSTMESSEN DER WELT

HENRY WERNER

MODERN ART FOR SALE

DIE BEDEUTENDSTEN KUNSTMESSEN DER WELT

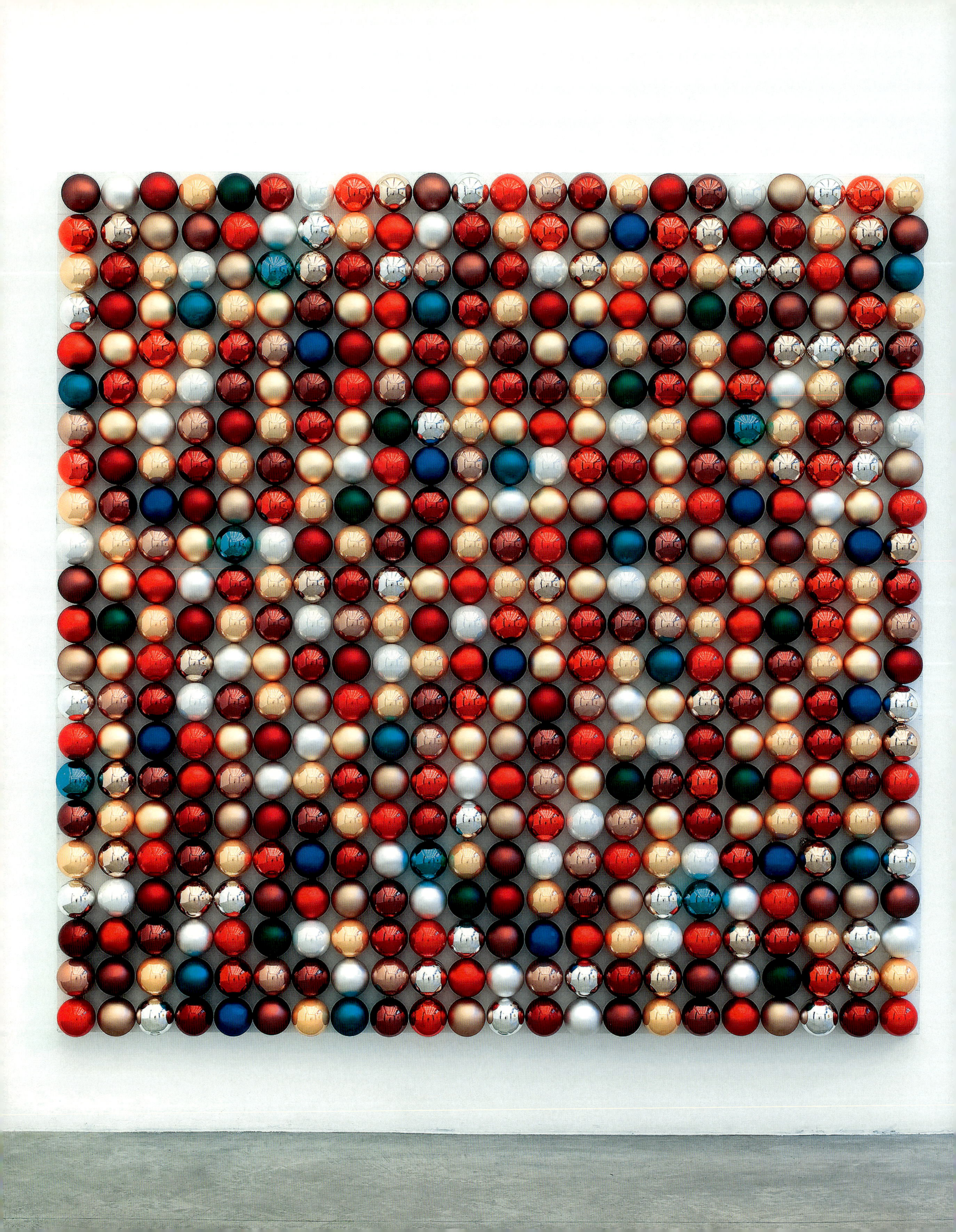

Links
Mit seinen farbstarken, teils raumfüllenden Installationen und Skulpturen ist der Schweizer John M Armleder mit seinen Werken ein gern gesehener Künstler auf vielen Messen, wie hier mit seinem bei Massimo De Carlo gezeigten, unbetitelten Werk auf der Art Basel 2009.

John M Armleder: Untitled. 2008. Christmas ornaments on canvas. 200 x 200 x 4 cm.

Cover
Der deutsche Gebrauchtfoto-Konzeptkünstler Hans-Peter Feldmann griff in den späten Neunzigerjahren selbst zur Kamera und skizzierte die Stationen eines 100-jährigen Menschenlebens anhand von Familie, Freunden und Bekannten. Für jedes Lebensjahr ein anderes Bild, vom kleinen Säugling bis hin zur 100-jährigen Greisin. Zu sehen auf der Art Basel 2009.

Hans-Peter Feldmann: 100 Jahre. 1996–2000. 101 b/w photos, mounted on cardboard, flower, 30 x 20 cm each.

Seite 2/3
Keiichi Tanaami ist der Vorreiter der Pop-Art in Japan. Der 1936 geborene Maler, Grafiker und Bildhauer stellte auf der Art HK 2010 diese Skulptur aus. Tanaami thematisiert menschliche Vorstellungen von Schönheit.

Keiichi Tanaami: Snail Girl. 2008. Fiberglass reinforced plastics, iron, acrylic paint, 99 x 89 x 48 cm.

Seite 4/5
Die Art Basel Miami Beach ist berühmt für Ihre Partys, wie hier 2007 im Delano Hotel.

Seite 6
Eine Serie aus drei Soundsuits des Amerikaners Nick Cave wurde von der veronesischen Galerie Studio La Città 2010 auf der Art Basel ausgestellt. Soundsuits können als Skulpturen frei stehen, aber auch von Tänzern getragen werden.

Nick Cave: Soundsuit. 2010. Mannequin, metal structure, hats, found woven bags, hot pads, shoelaces. 232 x 100 x 70 cm.

Die Anordnung der Messen folgt dem Messekalender, also der Abfolge der Messen in einem Jahr. Alle Zahlen zu Besuchern und Ausstellern auf den Messen sind die jeweils aktuellsten zum Zeitpunkt der Drucklegung 2010.

Links
Der Zyklus „Il Traviatore" von Pietro Roccasalva zeigt Porträts von Obern, die auf einem Tablett eine Zitronenpresse servieren. Die Porträts haben ein wiederkehrendes Thema: Ein Bote, der nichts zu vermelden hat, bringt „nichts". 2008 nahm Roccasalva an der Art Basel 2008 teil.

Pietro Roccasalva: Untitled. 2005. Mixed media on paper, ca. 15 x 10 cm.

Seite 12/13
Zeitgleich mit vielen Kunstmessen, aber unabhängig von ihnen, finden an den jeweiligen Orten auch Auktionen statt. „Tranquility" von Damien Hirst wurde anlässlich der Art HK im Mai 2009 zu einem sensationellen Preis von 1,7 Millionen US-Dollar von dem Auktionshaus Seoul Auction in Hongkong verkauft. Noch nie hatte ein Werk von Hirst in Asien einen höheren Preis erzielt.

Damien Hirst: Tranquility. 2008. Butterflies and household gloss on canvas, ca. 183 x 274 cm.

MODERN ART FOR SALE

Letzte Handgriffe vor der Eröffnung: am Stand der Jerald Melberg Gallery auf der Art Basel Miami Beach 2007.

Noch sind die Türen verschlossen. Draußen auf dem Platz drängen sich bereits die Gäste im feinen Zwirn. Es wird geschoben und gedrückt im Versuch, sich die beste Ausgangslage zu verschaffen. Dann öffnen sich die Schleusen und die ersten Besucher eilen in schneller Frequenz durch die Eingangshalle. Kataloge sind gezückt, alles bereits ordentlich studiert und recherchiert, die interessantesten Positionen mit Kreuzen, Ausrufe- und Fragezeichen, kleinen Randnotizen versehen. Zielstrebig werden die Stände annavigiert, deren Lage mit Hilfe von Buchstaben- und Ziffernkürzeln bereits auf den Hallenplänen ermittelt wurde. Ziel erreicht. Wo ist das Objekt der Begierde? Dort in der Ecke. Ein Mann im lässigen Jackett ist gerade im Begriff, einen selbstklebenden roten Punkt unter das Werk an die Wand zu kleben. Der rote Punkt, weltweites Zeichen dafür, dass jemand anderes schneller gewesen ist. Es bleibt nichts übrig: Auf Seite 137 des Kataloges ist ein weiteres Ausrufezeichen an den Seitenrand notiert. Koordinaten H12 36. Keine Zeit zu verlieren.

Auf dem Höhepunkt des Messebooms ist das Gedränge auf Kunstschauen groß. Impression von der Art Basel Miami Beach, 2007.

Diese Szenerie stammt nicht aus dem Sommerschlussverkauf eines Kaufhauses, sondern von der Preview einer beliebigen Kunstmesse des Jahres 2007. Damals schien am Kunstmarkt alles möglich. Für große Namen konnte beinahe jeder Preis verlangt werden, junge Künstler wurden auch mal auf Verdacht gekauft – und wenn sie aus China stammten, sowieso. Galerien meldeten bereits, sie seien komplett ausverkauft, bevor die Messe überhaupt eröffnet wurde. Und manch ein auswärtiger Sammler, der es nicht zur Preview schaffte, schickte schon mal einen Stellvertreter zum Messeauftakt, der mit dem Ausdruck einer Grafikdatei in der Hand nach dem Werk suchte, das zu kaufen er beauftragt war – ein Werk, das auch der neue Besitzer bis dahin lediglich im Internet gesehen hatte.

Gleicher Ort, wieder Preview, ein Jahr später: Es herrscht nüchterne Stimmung. Fast so viele Menschen wie im Vorjahr sind gekommen, doch die Besucher wirken weniger hektisch. Es wird geschlendert, flaniert. Zielstrebig wird man bestenfalls dann, wenn das „Flying Buffet" lokalisiert ist.

Zwischen beiden Szenen liegt mehr als nur ein Jahr – die Finanzkrise hat den Kunstmarkt merklich abkühlen lassen. An diesem Preview-Nachmittag werden nur wenige rote Punkte an die Kojenwände geklebt. Die meisten Sammler werden wiederkehren, zwei- oder dreimal, immer wieder bedächtig abwägend und Notizen in den Messekatalog eintragend, um anschließend jene Frage zu stellen, die sich die Galeristen in diesen Tagen so oft und auf allen Messen mit wachsendem Verdruss anhören müssen: „Und? Gibt es bei Ihnen Krisenrabatt?"

Elmgreen & Dragset präsentierten auf der New Yorker Armory Show 2008 das passende Kunstwerk zur Wirtschaftskrise.

Elmgreen & Dragset: Credit Crunch. Everyone is Broke. 2009. Marble, 135 x 120 x 2 cm.

Preiskämpfe

Der Rabatt steht nirgendwo festgeschrieben, aber jeder Sammler weiß: 20 Prozent Abschlag sind immer drin. Es ist fast wie beim Autokauf. Einige raffinierte Galeristen haben diese Marge bereits auf ihren Ausgangspreis geschlagen, doch je weiter die Krise gedeiht, desto nervöser werden auch sie und senken die Preise.

Auf der New Yorker Armory Show, einer der international führenden Messen, fühlen sich Galerien und Künstler geradezu berufen, den Sammlern und Wallstreet-Spekulanten – beide nicht selten in Personalunion – in diesen Jahren des kollabierenden Marktes den Spiegel vorzuhalten: „Everyone is broke" steht auf einer zerbrochenen Marmorplatte des norwegisch-dänischen Künstlerpaares Elmgreen & Dragset bei Massimo De Carlo. Und die Galerie David Zwirner präsentiert ein Porträt des chinesischen Künstlers Yan Pei-Ming, das Bernard Madoff zeigt, jenen Mann, dessen zusammengebrochenes Schneeballsystem zum Symbol der Finanzkrise geworden ist. 100.000 US-Dollar will Zwirner mit diesem Werk erlösen. Er wird es bis zum Ende der Messe nicht verkaufen können.

Krisenwerke werden 2008 und 2009 auf praktisch allen Messen angeboten. Sie bringen das klassische Spannungsverhältnis zwischen Künstlern und Kommerz zum Ausdruck – ausgerechnet an einem Ort, der seine Daseinsberechtigung einzig und allein aus dem Zusammenspiel dieser beiden Sphären zieht.

Nichts dem Zufall überlassen

Das ökonomische Kalkül hat dazu geführt, dass Kunstmessen im Dreieck zwischen Künstlern, Sammlern und Mittlern ihre ganz eigenen Spielregeln entwickelt haben. Galerien, die sich für die Teilnahme an einer Premiummesse entscheiden und einen nicht unbedeutenden Betrag für einen Stand bezahlen – bei der Art Basel starten die kleinsten Verkaufsflächen bei knapp 20.000 Euro –, überlassen nichts dem Zufall. Das beginnt bereits mit dem Design der Messepräsenzen. Längst schon begnügen sich Galerien nicht mehr damit, die weißen Rigipswände einfach nur mit Werken zu behängen. Die Stände werden farbig und architektonisch in Szene gesetzt, bisweilen so exzessiv, dass es für manche schon wieder schick ist, sich minimalistisch mit der rohen weißen Rigipswand abzusetzen. Die Galeristen warten nicht mehr in ihrer Koje auf Kundschaft, sondern lassen „Galerinas" auf der Messe und auf den Partys, Empfängen und Sonderveranstaltungen in der Stadt ausschwärmen. Die meist gut aussehenden Frauen und Männer Anfang dreißig umgarnen Sammler und Investoren, sind stets perfekt über die neuesten Trends am Markt informiert und versuchen natürlich, den potentiellen Käufer zur beauftragenden Galerie zu lotsen. In den USA gehören attraktive Galerinas zum Pflichtrepertoire der größeren Galerien, während die europäische Ausgabe häufiger zu Hornbrille und Raspelhaarschnitt tendiert.

Der entscheidende Faktor für die Galerie liegt jedoch in der Auswahl der gezeigten Kunst. Auf den Messen aus der zweiten Reihe wird gerne noch einmal das Programm des abgelaufenen Jahres aufgetragen. Messen wie die Art Chicago – wenige Monate nach der Armory Show – oder die London Art Fair – wenige Monate nach der Frieze Art Fair – können hiervon ein Lied singen. Bei den internationalen Leitmessen wäre es für die Galerien hingegen undenkbar, sich die Blöße zu geben, nichts Neues oder Innovatives vorweisen zu können. Das hält sie nicht davon ab, aus Gründen der immer noch hohen Marktnachfrage den obligatorischen Warhol zumindest im Hinterzimmer bereitzuhalten.

Das Jahrzehnt der Kunstmessen

Dort, wo die Trendsetter sind, folgen stets auch die Trittbrettfahrer – die meistens das von den Vorreitern gesetzte Qualitätsniveau nicht halten können. Eine zentrale Eigenschaft der großen Kunstmessen ist daher die Existenz eines unabhängigen Auswahlkomitees, das aus einer Vielzahl von Bewerbungen die innovativsten und qualitativ besten Galerien auswählt. In Basel kommen nur rund 300 aus weit über 1.000 Bewerbungen durch dieses Verfahren.

Auch die Messen überlassen nichts dem Zufall. Auf der Jagd nach den „richtigen" Galerien reisen die Messemacher durch die Welt, putzen Klinken, werben für sich. Junge, verheißungsvolle Galerien werden gesichtet. Wer schafft es, als erster die vielversprechenden, kommenden Namen an sich zu binden? Dasselbe bei den Sammlern: Auch sie werden von den Messen angesprochen. Die Sammler, häufig eher im Hintergrund, sind die Stützen der Kunstschauen. Also wird gebuhlt und argumentiert, gereist und geworben. Das ist nötig, denn mit wenigen Ausnahmen wie Paris oder Brüssel verfügen die Messen nicht über eine hinreichend starke Käuferschicht vor Ort, um ohne anreisende internationale Sammler auszukommen.

Der aus diesem kuratorischen Konzept entspringende Qualitätsanspruch führt dazu, dass die Premiummessen heute keine willkürlich zusammengewürfelten Verkaufsausstellungen sind, sondern nach dem Prinzip des „Wissens der Vielen" die wichtigsten Trends und Entwicklungen miteinander vereinen. Diese enorme Stärke hat das Magazin „The New Yorker" vor einigen Jahren dazu veranlasst, die Ära der Kunstmesse auszurufen: „Während sich in den Neunzigerjahren alles um Biennalen drehte, werden die nächsten zehn Jahre den kommerziellen Kunstmessen gehören."

Im ersten Jahrzehnt des 21. Jahrhunderts hat sich die Alleinstellung der Art Basel als international führende Messe gefestigt. Aber auch eine Reihe anderer herausragender Messen hat sich fest etabliert: Die glamouröse und überdrehte Schwester der Art Basel in Miami Beach. Die coole, kosmopolitische Armory Show in New York. Die elegante FIAC in Paris. Und die hippe, mutige Frieze Art Fair in London.

Aufwändige Standgestaltung: Farbenfrohes Erscheinungsbild der Soloshow von Ben Merris bei der Galerie Cokkie Snoei auf der Art Amsterdam 2010.

Ben Merris, Vagrant Idea 5: Totalitarea. 2010. Acrylic, 350 x 500 x 500 cm.

Aus der Not geboren

Solch eine Erfolgsgeschichte hatten die „Erfinder" der Kunstmesse wohl gar nicht im Sinn. Als die Kölner Galeristen Hein Stünke und Rudolf Zwirner 1967 den „Kunstmarkt Köln", die heutige Art Cologne, entwickelten, war diese Idee eher aus der Not geboren. Was die beiden bewegte, war die Tatsache, dass trotz eines großen Kunstinteresses in

Deutschland und auch einer beachtlichen Kunstproduktion im eigenen Lande sowohl die Künstler als auch die Galerien aus Paris, später auch aus New York die internationale Kunstagenda bestimmten. Die Idee war so einfach wie brillant: Man vereinte die Kräfte der örtlichen Galerien, gründete den „Verein progressiver deutscher Kunsthändler", warb Zusagen für öffentliche Zuschüsse an den Verein ein und realisierte mit diesem Geld eine gemeinsame Schau mit 16 führenden deutschen Galerien. Der Umsatz der ersten Messe

Trend zurück zum Minimalen: Stand der Galerie Francesca Kaufmann, Mailand, auf der Art Basel 2009.

Gianni Caravaggio: Principio. 2009. Silver, bronze, marble, dimensions variable.

betrug eine Million D-Mark, was nach damaligen Preisen dem Wert von 200 fabrikneuen VW-Käfern entsprach und einen immensen Erfolg darstellte.

Angefacht von diesem guten Start wurde das Konzept binnen weniger Jahre im In- und Ausland kopiert. Standorte der ersten Generation wie Brüssel (1968) und Bologna (1974) existieren bis heute. Von einschneidender Bedeutung ist jedoch die erste Art Basel 1970. Rheinaufwärts hatte sich diese Schau als Gegenkonstrukt zur Kölner Messe formiert. Die Art Basel sollte in den kommenden Jahrzehnten zum absoluten Maßstab aller Kunstmessen werden.

Willkommene Satelliten

Wenn eine Messe eine so herausragende Position erlangt, dass alljährlich viermal so viele Galerien einen Antrag auf Teilnahme stellen als letztlich angenommen werden können und 99 Prozent der zugelassenen Galerien gerne wiederkommen wollen, dann geht viel Innovationskraft verloren. Wie viel Fluktuation kann das Auswahlkomitee der Art Basel provozieren, wenn es weiß, dass jeder Hinauswurf einer Galerie ihrer Hinrichtung in den Augen der kritischen Öffentlichkeit gleichkommt? Wenn letztlich fast alle Galerien Jahr für Jahr wiederkommen, droht die Messe zu einem „closed shop" zu werden, was letztlich immer auch eine Bedrohung für ihre Fähigkeit darstellt, Trends zu erkennen und zu setzen.

Peter Vetsch, Co-Direktor des art forum berlin, hat diese Problematik in seinen Jahren als Kommunikationschef der Art Basel (2000–2008) selbst beobachtet. Für ihn stellen die sogenannten Satellitenmessen ein geeignetes Ventil dar. Das Phänomen Satellitenmesse ist so alt wie die Kunstmesse selbst. Bereits im ersten Jahr des Kunstmarktes Köln formierte sich eine Gegenmesse, die in erster Linie ein „Salon der Refüsierten" war – eine Messe, die all jene unter ihrem Dach vereinte, denen aus Mangel an Qualität oder Kooperationswillen der Zugang zur Hauptmesse versagt worden war. Solche Messen meint Vetsch aber nicht, wenn er von den Satelliten der Art Basel spricht: „Nehmen wir die Liste Basel. Die ist innovativ und beweglich und damit in der Lage, Trends aufzugreifen." Im Fall der Liste Basel können junge Galerien heute mit Fug und Recht vom internationalen Durchbruch sprechen, wenn sie es auf die Liste geschafft haben. Von hier aus ist es nur noch ein kleiner Sprung zu den ganz großen Messen. Für diese sind die Satellitenmessen deshalb auch gar kein Dorn im Auge. „Ganz im Gegenteil", betont Vetsch. „Solche Messen unterstreichen ja auch den Rang, den die Hauptmesse national und international einnimmt."

Blickt man nach Basel, nach Miami, nach New York, London oder nach Paris, wird man eine Vielzahl solcher Nebenmessen finden, die teilweise von extrem hoher Qualität sind. Berlin hat in den vergangenen Jahren einen kleinen Stamm an durchaus bemerkenswerten Nebenmessen hervorgebracht, Madrid in jüngster Zeit auch. Schwierig kann es allerdings werden, wenn, wie im Fall der Art Chicago, die im gleichen Ausstellungsgebäude gezeigte Messe Next jene ist, die das Hauptaugenmerk des Feuilletons und der Besucher auf sich zieht.

Der Visionär:
Lorenzo Rudolf – hier 2009 – gilt seit Jahren als Vordenker bei der Entwicklung von Kunstmesseformaten.

Inflation der Kunstmessen

Die einstmals recht überschaubare internationale Kunstmesselandschaft ist in den Jahren des Kunstmarktbooms geradezu explodiert. Über 100 zeitgenössische Kunstmessen sind in aller Welt entstanden, die alle für sich beanspruchen, „international" und wichtig zu sein. Viele tauchen auf und verschwinden, andere halten sich hartnäckig am Markt. „Im Wesentlichen", so unterstreicht Lorenzo Rudolf, langjähriger Leiter der Art Basel und Initiator einer Reihe anderer Kunstmessen, „hat man in all diesen Städten in den letzten Jahren versucht, die Art Basel zu kopieren." Doch die besondere Aura und die Eigendynamik der Baseler Messe lassen sich weder transplantieren noch kopieren. „Letztlich muss für jeden Markt genau herausgefunden werden, welche Bedürfnisse die Messe zu erfüllen hat", so Rudolf.

Die ersten Kunstschauen entstanden meist dort, wo es eine starke, bestehende Infrastruktur an Kultureinrichtungen, an Galerien oder an

Die Messe dringt in den öffentlichen Raum vor: Vincent Olinets „Pas encore mon histoire" im Rahmen der FIAC 2009 in Paris.

Vincent Olinet: Pas encore mon histoire. 2007. Mixed media. 400 x 350 x 350 cm.

Sammlern gibt. Viele Messen haben auf ihrer Suche nach mehr Internationalität diese lokale Verankerung etwas vernachlässigt. Ein wichtiger Trend an den „alten" Standorten besteht deshalb darin, die Messe wieder stärker in das Kulturleben der Stadt einzubeziehen: Das Berliner Konzept eines Gallery Weekends wird mittlerweile in vielen anderen Städten kopiert. Die Messe in Bologna hat ihr Programm in ein regionales Kulturfestival integriert, das sich über knapp einen Monat erstreckt. Viele Messen kooperieren mit den lokalen öffentlichen

Meist im Hintergrund: Die Sammler sind eine tragende Säule der Kunstmessen. Porträt der deutschen Sammlerfamilie Grässlin, die auf der Art Cologne 2010 für ihre Dienste an der Kunst ausgezeichnet wurde.

und privaten Kultureinrichtungen und tragen Teile der Schau hinaus in den öffentlichen Raum. Edo Dijksterhuis, Chef der Art Amsterdam, ermahnt dazu, die eigenen Wurzeln nicht zu vernachlässigen: Der Standort Amsterdam war ja keinesfalls aus einer belebten Galerienszene heraus entstanden, sondern aus einer starken öffentlichen Kulturinfrastruktur. Diese aus dem Messekonzept außen vor zu lassen, wäre ein eklatanter Fehler, so Dijksterhuis.

Neue Messen, gerade im Nahen Osten und in Asien, entstehen dort, wo ein großes reales oder potentielles Sammlerpotenzial vermutet wird. In Dubai, Abu Dhabi und Marrakesch ringt man momentan darum, führender Standort für die arabische Welt zu sein. Die ShContemporary in Schanghai, auch ein „Kind" Lorenzo Rudolfs, war für kurze Zeit Hoffnungsträger für den asiatischen Markt, dann gelang es aber der Art HK in Hongkong, die Kunstschau aus Schanghai zu überrunden. In Tokio und Peking lauert man auf eine Chance, die Krone zu übernehmen, und in Singapur investiert die Regierung energisch in eine neue Messe – erneut, ja, ein Rudolf-Projekt – mit dem Ziel des regionalen Führungsanspruchs. All diese Messen, so unterstreicht Rudolf, können nur dann erfolgreich sein, wenn sie sich der besonderen Ausgangslage annehmen. Zahlungskräftige potentielle Kunstinvestoren machen noch keine kunstsachverständigen Sammler. Solche Messen müssen deshalb immer auch einen Bildungsauftrag wahrnehmen, wie Neha Kirpal, Chef des India Art Summit, unterstreicht: Die Messen sollen Brücken zwischen dem eigenen und den internationalen Märkten schlagen und in den Umgang mit Kunst einführen. Es genügt nicht, einfach nur große Namen anzulocken. Nur der nachhaltige Aufbau eines neuen Markts führt zum Erfolg.

Erfolgsmodelle lassen sich nicht kopieren

Die Erkenntnis, dass bestehende Erfolgsmodelle nicht einfach in anderen Teilen der Welt kopiert werden können, dürfe aber nicht zum Glauben führen, dass die etablierten Messen keiner stetigen kritischen Überprüfung bedürfen, warnt Rudolf. „Der Markt hat sich seit dem Erfolgsmodell Art Basel wesentlich verändert", gibt der Schweizer zu bedenken. Bedarf es also einer neuen Art der Kunstmesse, die sich an den neuen Marktrealitäten orientiert?

Nicht unbedingt. In Zukunft wird es regionale Messen geben, es wird thematische Messen geben. Aber nur ganz wenige, vielleicht sogar nur eine einzige, werden international wirklich herausragen. Und dort müssen dann alle sein – jeder große Galerist und jeder Sammler, der sich ernsthaft für die Kunst der Gegenwart interessiert.

Klassenprimus. Mehr und mehr hebt sich die Art Basel als zentrale internationale Leitmesse ab. Hier eine Skulptur von Mathieu Mercier, die im Rahmen von „Public Art Projects" auf der Art Basel 2009 zu sehen war.

Mathieu Mercier: Untitled. 2009. Lacquered steel, ca. 500 x 700 x 700 cm.

Seite 24/25
Der niederländische Künstler Ted Noten sorgte mit seiner vergoldeten Uzi-Maschinenpistole unter Plexiglas für Aufsehen auf der Design Miami 2009, einer Design-Messe, die gleichzeitig mit der Art Basel Miami Beach stattfindet.

Atelier Ted Noten: Uzi mon Amour. 2009. Acrylic, real uzi goldplated, handle from brass goldplated. ca. 83 x 9 x 31 cm.

LONDON ART FAIR

Während die Kunstszene noch den Kater von der Jahresendrallye mit der glamourösen Art Basel Miami Beach auskuriert, gibt sich die London Art Fair zum Jahresauftakt entspannt: Man konzentriert sich auf lokale Sammlergrößen und Neulinge. Groß und spektakulär können die anderen. Die Londoner Kunstschau dagegen bleibt die britischste aller Messen, der vernünftige ältere Bruder, der nicht jeden Trend seiner jüngeren Geschwister mitmacht.

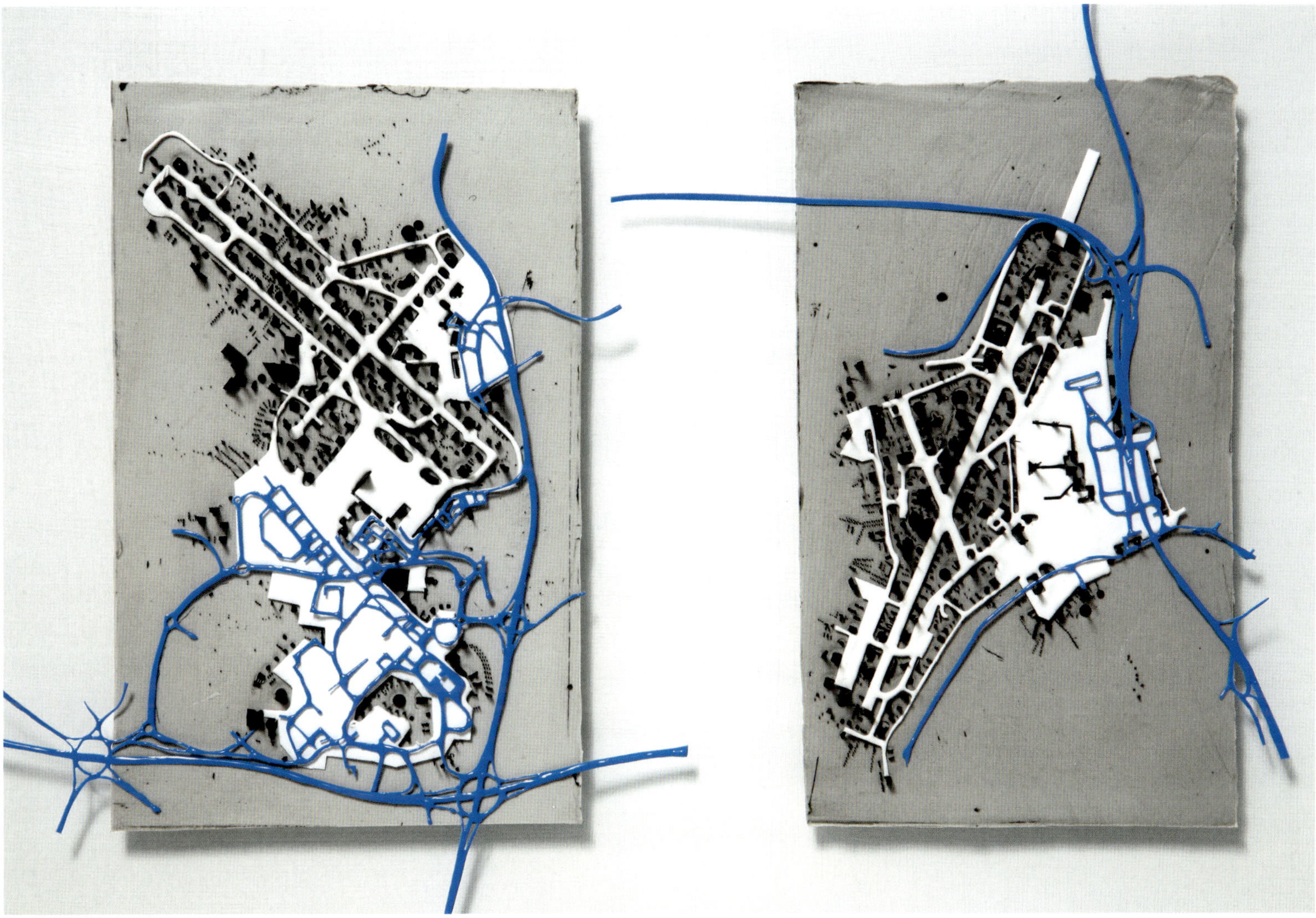

Straßengeflechte bilden bei Jason Wallis-Johnson eine eigentümlich strenge Komposition. Seine reduzierten Stadtpläne stießen bei den Besuchern der London Art Fair 2010 auf große Zustimmung.

Jason Wallis-Johnson: Airport Cities (Birmingham and Glasgow Statistics) 2008. Silicone, paper and acrylic sheet in case, ca. 42 x 34 x 5 cm.

Es sei ein bisschen vom „Same-old-same-old", was hier gezeigt werde, mäkelt der Kunstkritiker eines lokalen Londoner Magazins. Viele der teilnehmenden Galerien gehen noch einmal mit ihrem Messeprogramm des ausgelaufenen Jahres an den Start.

Trotzdem ist die London Art Fair ein beliebter Treffpunkt für inländische Künstlergrößen und Prominente. Die britische Pop-Art-Legende Peter Blake und Young-British-Art-Vertreter wie Gavin Turk und Tracey Emin ließen sich in den vergangenen Jahren ebenso hier sehen wie Tate-Direktor Sir Nicholas Serota, Schauspiel-Größen Emma Thompson und Peter Bowles, Designerin Paloma Picasso oder Komikerlegende Vic Reeves.

Links
Isabel Rock wurde 2010 als Newcomerin von der Galerie Bearspace gezeigt. Ihr verspielt-surrealer „Lord Foster" gehörte in diesem Jahr zu den Lieblingen des Feuilletons.

Isabel Rock: Lord Foster. 2009.
Pen, ink and collage on print.

In der „Art Projects"-Sektion präsentiert sich die London Art Fair jung und innovativ. 2010 war Thomas Allen mit seinen dreidimensionalen Bearbeitungen von Buchdeckeln aus dem Trivialbereich bei Kritikern und Besuchern besonders beliebt.

Thomas Allen: Offshoot. 2009. Chromogenic print, ca. 60 x 51 cm.

Fokus auf Einsteiger

Die Messe fördert Einsteiger. Mit Führungen und Dialogveranstaltungen nimmt man die potentiellen Sammler behutsam bei der Hand. Auch preislich zeigt man sich moderat. Im zeitgenössischen Bereich liegen die Topverkäufe fast durchweg unterhalb des sechsstelligen Bereichs. Namen, die woanders zu Millionenpreisen gehandelt werden, findet man hier mit kleinen, bezahlbaren Arbeiten: Drucke von Damien Hirst für unter 2.000 Euro zum Beispiel. Oder besagter Peter Blake: Dessen mit Diamantstaub versehenes Porträt von Andy Warhol wurde von Paul Stolper bei einem Stückpreis von rund 1.000 bis 1.500 Euro ganze 50 Mal verkauft – womit Blake 2010 unter dem Strich der Topseller war.

Mit einer solchen Preisstruktur verschließt sich die britische Kunstmesse natürlich dem Interesse internationaler Sammler. Interessant wird sie aber für all jene, die in der Hochpreisliga nicht mitspielen können, in ihrem Anspruch als Sammler aber einer Affordable Art Fair entwachsen sind.

Das Selbstverständnis der London Art Fair, als älteste Messe auch die wichtigste des Landes zu sein, scheint kaum noch haltbar. Möglicherweise würde sich hieraus auch eine grundsätzliche Existenzfrage ableiten, hätte es die London Art Fair nicht gemeistert, mit ihren Art Projects ein atemberaubendes Begleitprogramm zu entwickeln. Größer und spannender als je zuvor kombinieren sie „die Unruhe der Zoo Art Fair mit dem Charme der Affordable Art Fair", wie ein Londoner Kunstblogger schreibt. Insbesondere Thomas Allens skulpturelle 3D-Collagen im Stil von Pulp Fiction-Buchdeckeln lösten 2010 einhellige Begeisterung aus.

Die Newcomerin Isabel Rock verzauberte bei Bearspace. „Realität ist langweilig", sagt Rock. Mit ihrem verspielten „Lord Foster" katapultierte sie sich an die Spitze der Feuilleton-Erwähnungen.

Aber auch mit leisen Tönen konnte die Messe überzeugen, so unter anderem mit Jason Wallis-Johnsons Blaupausen, in denen er Stadtplänen und Landkarten den Inhalt entzieht und lediglich das scheinbar chaotische und doch in sich strukturierte Wirrwarr der Straßenführungen übrig lässt.

Charmant – aber unübersichtlich

Die Ausstellungshalle trägt zum besonderen Charme der Messe bei: Die ehemalige Royal Agricultural Hall, 1981 vor dem Abriss bewahrt, wölbt sich mit ihrem gigantischen Glasdach über die drei Ebenen der Ausstellung und verleiht der Kunstschau einen lichten und transparenten Charakter.

Leider wird diese Transparenz durch die verwinkelte Anordnung der Messestände konterkariert. Auch ist fraglich, warum die Sektionen Art Projects und Photo50, die der Attraktivität der Messe außerordentlich zuträglich sind, so sorgsam versteckt werden. Vielleicht aber ist auch dies nur Teil des britischen Understatements, vorgetragen von dem „vernünftigen, älteren Bruder" unter den Londoner Kunstmessen.

Die London Art Fair 2009 im Business Design Centre in Islington, der ehemaligen Royal Agricultural Hall. Nach der Renovierung zur Ausstellungslocation bietet sie einen lichten und architektonisch schönen Messerahmen.

Stadt	London
Veranstaltungsort	Business Design Centre, Islington
Datum	Mitte/Ende Januar
Gegründet	1989
Schwerpunkte	Moderne und zeitgenössische britische und internationale Kunst.
Galerien	116
Besucher	13.000
Rahmenprogramm	Art Projects: kuratierte Solo- und Gruppenshows. Photo50: 50 zeitgenössische fotografische Arbeiten. Tours, Talks & Discussions: Programm, das insbesondere auf neue und potentielle Sammler ausgerichtet ist.
Leiter	Jonathan Burton
Internet	www.londonartfair.co.uk

ARTE FIERA BOLOGNA

Rom, im Januar 2008: Der italienische Minsterpräsident Romano Prodi erklärt seinen Rücktritt. Gleicher Tag, in Bologna: Luca di Montezemolo, Chef von Fiat, Ferrari und der Messe in Bologna schreitet gutgelaunt durch die Arte Fiera. Als er auf seine Ex-Gattin Edwige Fenech trifft, die gerade mit der Galerie James Cohan verhandelt, ermahnt er sie zur Sparsamkeit. Wohl nur im Scherz – wer hat, der hat. So sieht es aus auf dem Planeten Norditalien, dem wirtschaftlichen und kulturellen Zentrum der Halbinsel. Alles andere, besonders die Landespolitik: weit entfernt. Ein Jahr später: Krisenstimmung weltweit, in Rom wie in Bologna. Hinter der Kulisse des heiteren Wohlstands bröckelt es. Die Arte Fiera gehört schon längst nicht mehr zur ersten Garde, jetzt sind auch noch die Umsätze in Gefahr. Bologna am Beginn einer Sinnsuche.

Die Fotoarbeiten von Claudia Rogge stießen 2009 in Bologna auf großes Interesse. Die von der Düsseldorfer Galerie Voss vertretene Künstlerin setzt sich in ihren inszenierten und manipulierten Bildern mit der Spannung zwischen Individuum, Gemeinschaft und anonymer Masse auseinander.

Claudia Rogge: Das Paradies der Zaungäste. 2009. Lambda on Dibond, 170 x 240 cm.

Sie gehört zur ersten Generation der Kunstmessen: Nur kurz nach Köln und Basel entstand auch in Bologna eine eigene Schau. Damit leistete Bologna viel für die Akzeptanz Moderner Kunst im eher kulturkonservativen Italien. Obwohl die Arte Fiera sich als internationale Messe versteht, ist es bis heute primär die zahlungskräftige norditalienische Zielgruppe, die die Galerien nach Bologna anlockt – dabei in letzter Zeit aber immer weniger aus dem Ausland.

Kunst für das Herz

Obwohl etabliert, sperrt sich Bologna gegen eine Kommerzialisierung der Messe. Schon in den Siebzigerjahren schockierte sie mit ihrer „International Performance Week". Seitdem ist die Arte Fiera der Avantgarde treu geblieben: Sie provoziert und betört, spricht mehr das

Links
Für Claudio Parmiggiani ist die Arte Fiera ein Heimspiel: Er kommt aus der Emilia-Romagna. 2010 begeisterte der Künstler mit einer unbetitelten Reihe, in der er ganze Bibliotheken subtil auf ihre Staubschatten an der Wand reduzierte.

Claudio Parmiggiani: Senza Titolo. 2008. Delocazione, 130 x 140 cm.

Herz als das Investorenhirn an. Nach den Worten der Messeleiterin Silvia Evangelisti kaufen Italiener Kunst wegen der Liebe und nicht wegen der Investition.

Dieser leidenschaftliche Zugang zur Kunst spiegelt sich bis heute in den Veranstaltungen der Messe, in den First-Choice-Führungen, in denen Museumsdirektoren Kunstinteressierten ihre persönlichen Highlights der Messe zeigen, und in der Art und Weise, in der die Arte Fiera die gesamte Stadt in eine künstlerische Stimmung taucht.

Andere Messen haben ein Rahmenprogramm. Das kulturelle Angebot rund um die Arte Fiera hat sich hingegen zu dem einmonatigen Kunstfestival Bologna Art First entwickelt, das den öffentlichen Raum der Innenstadt von Bologna einnimmt. Überall ist die Kunst präsent, teils an ausgesuchten, ungewöhnlichen Locations. Höhepunkt des Rahmenprogramms ist die „Art White Night", die die ganze historische Innenstadt in ein raumgreifendes Kunstfestival verwandelt.

Mehr Leidenschaft, weniger Kommerz

So unstrittig die historischen Leistungen der Arte Fiera sind, so deutlich stellt sich aber die Frage nach der zukünftigen Ausrichtung der Messe. Die Mailänder MiArt ist seit jeher kommerziell erfolgsträchtiger. Die Turiner Artissima hat Bologna seit einigen Jahren die Gunst unter internationalen Galerien und Sammlern abgerungen.

Die Arte Fiera hingegen wirkt mehr und mehr wie eine rein italienische Veranstaltung. So schrieb der in New York und Rom arbeitende Künstler Mark Kostabi jüngst: „Die meisten halten die Arte Fiera für eine großartige Messe, gemacht in Italien, von Italienern für Italiener. Es gibt keinen Grund, sie internationaler zu machen."

Mit diesem Konzept holte die Arte Fiera immer einen gewissen Stamm an ausländischen Sammlern nach Bologna. Hinzu kommt die regionale, oft nicht so reisefreudige Sammlerklientel. Bislang trug das die Messe hinreichend. Geld war ausreichend vorhanden. Noch heute wird von 2005 erzählt, als ein anonymer Sammler binnen kürzester Zeit auf der Messe zwei Boetti, einen Tony Cragg und einen Mario Schifano gekauft hat. 800.000 Euro kostete diese Shopping Tour. Seit dem Einbruch der Wirtschaft sind die Verkäufe an das Stammpublikum, vor allem in dieser Größenordnung, keine sichere Bank mehr. Nur in Ausnahmefällen können Galerien mit zeitgenössischer Kunst noch mehr als 100.000 Euro erlösen, so wie die Turiner Galerie Tucci Russo, die im Krisenjahr 2009 eine Tony-Cragg-Skulptur für satte 210.000 Euro verkaufen konnte. Chapeau!

De' Foscherari aus Bologna hatte offenbar ein Heimspiel und verkaufte die bemerkenswerten, stillen Werke von Claudio Parmiggiani für je 55.000 Euro. Und die Galerie Voss aus Düsseldorf verzeichnet seit der erstmaligen Präsentation von Claudia Rogges Fotoarbeiten auf der Arte Fiera 2006 ungebrochen gute Verkäufe ihrer choreografierten Massenbilder.

Arte Fiera geht den steinigen Weg

Auch wenn die Arte-Fiera-Macher betonen, internationaler werden zu wollen, schärfen sie das künstlerische Profil. Einige der Galerien, die von der Messeführung als zu „offensichtlich kommerziell" erachtet wurden, dürfen nicht mehr teilnehmen. Stattdessen konzentriert man sich auf junge Galerien. Solche, die weniger als fünf Jahre am Markt sind, bekommen in Bologna eine Koje zu besonders guten Konditionen. Grundsätzlich scheint es im Ansatz richtig, dass die Arte Fiera versucht, sich als erste große Messe des Kunstjahres, als Trendsetter und als Showbühne für neue Namen zu positionieren, allerdings ist dieser Weg ein steiniger.

Die Bologna Art First trägt die zeitgenössische Kunst aus der Messe heraus in die ganze Stadt. Überall im öffentlichen Raum, auch an ungewöhnlichen Orten, werden zeitgenössische Positionen in der Kunst präsentiert. Hier Francesco Simetis „Speleothem II“ 2010 im Palazzo dell’Archiginnasio, einem der eindrucksvollsten Gebäude in Bologna.

Francesco Simeti: Speleothem II. 2010. Installation at Portici dell’Archiginnasio, Bologna.

Der progressive Ansatz funktioniert besonders gut, wenn Aussteller freche und unkonventionelle Akzente setzen, so wie die Mailänder Galerie bnd Tomaso Renoldi Bracco, die eine Installation der Künstlergruppe Blue Noses und Ilya Chichkan zeigte: Hier wurden Tischtennisplatten mit übergroßen Bildern von Celebrities der Kunstszene verbunden. Eine einmalige Chance, einen Ball mit viel Effet in das Antlitz eines der üblichen Verdächtigen in der Top-Preis-Klasse zu schmettern.

Bisweilen haben die italienischen Sammler aber auch eine gewisse Anfälligkeit für möchtegern-avantgardistische Albernheiten. Dann wechselt auch schon mal ein aufgeblasener Müllsack von Graham Hudson für 5.000 Euro den Besitzer. Schwamm drüber – solche Querschläger kratzen nicht am Profil einer Messe, die trotz aller Abstiegsprophezeiungen immer noch vital und spannend ist.

Stadt	Bologna
Veranstaltungsort	Bologna Exhibition Centre
Datum	Ende Januar
Gegründet	1974
Schwerpunkte	Moderne und zeitgenössische internationale Kunst.
Galerien	mehr als 200
Besucher	50.000
Rahmenprogramm	Bologna Art First: Kuratiertes Kooperationsprojekt mit der Stadt. Im öffentlichen Raum werden Installationen und eine Gruppenschau gezeigt, die zeitgenössische Kunst an ungewöhnlichen Locations präsentiert. Arte Fiera Off: Kunstevents in öffentlichen und privaten Räumen in Bologna und der gesamten Emilia-Romagna. Art White Night: nächtliche Art Show in der Innenstadt von Bologna. Art Talks & Meetings: Diskussionsveranstaltungen zum Thema Kunst sammeln. Art Café: Treffpunkt für Sammler, Künstler und Kunstkritiker. Hier werden auch neue Publikationen rund um das Thema Kunst präsentiert. First Choice: Museumsdirektoren führen Kunstliebhaber und Sammler durch die Messe. Euromobil Under 30 Prize: Award für Künstler unter 30 Jahren.
Leiter	Silvia Evangelisti
Internet	www.artefiera.bolognafiere.it

Links
Trotz Krisenstimmung konnte die Galleria Tucci Russo 2009 eine Tony-Cragg-Skulptur für 210.000 Euro verkaufen. Ein Achtungserfolg.

Tony Cragg: Inclination. 2007. Bronze, 210 x 90 x 100 cm.

INDIA ART SUMMIT

Nicht alle Rising Stars der asiatischen Kunstszene stammen aus China: Der Inder Subodh Gupta zählt unangefochten zu den Top Ten der kommerziell erfolgreichsten Asiaten. 2007 war sein Jahr des Durchbruchs: Seit seiner Skulptur „Gandhi's Three Monkeys" vor den Hallen der Art Basel, der Totenschädelskulptur am Canale Grande von Venedig und dem Wechsel zu Hauser & Wirth ist er in aller Munde. In dieser ganzen Zeit blieb er jedoch seiner indischen Heimat als Wohn- und Arbeitsort treu. Wenn er nun über die Messe schreitet, ist dies ein Heimspiel der besonderen Art.

Die „Three Monkeys" aus Basel hat er mitgebracht. Sie prangen im Eingangsbereich der Messe – unverkäuflich. Es fehle in Indien nicht an Qualität und Angebot in der Kunst, so Gupta in einem Interview mit indischen Medien. Am stetigen Umgang mit der Kunst hapert es jedoch. Genau hier leistet die Messe wichtige Pionierarbeit. Und die Besucherzahlen geben ihr Recht: 10.000 Gäste beim Start 2008, waren es 2009 bereits 40.000.

Kontrollierte Kontroversen

Beispiel Anish Kapoor: Die Lisson Gallery zeigte den indischen Superstar und Turner-Preisträger zum allerersten Mal in Indien. Die spiegelnden Wandskulpturen lieferten prompt die Topverkäufe der Messe und dürften in einer Größenordnung von 150.000 bis 300.000 Euro gelegen haben.

Den vielleicht frechsten Auftritt hatte im selben Jahr die Londoner Galerie Rob Dean Art mit Arbeiten der Künstlerin Princess Pea, die sich als cartoonartige Figur verkleidet inszeniert und so mit Schönheitsidealen, Identitätsbildung und Celebrity-Kult auseinandersetzt. Die bislang unbekannte indische Künstlerin debütierte mit der Ausstellung „Supercalifragilisticexpialidocious" auf dem India Art Summit und bespielte die Messe mit allen Medien, auch mit einem realen Auftritt ihrer Kunstfigur.

Die von einer jungen indischen Künstlerin geschaffene Kunstfigur Princess Pea war auf dem India Art Summit 2009 omnipräsent, ob auf Fotografien, fingierten Magazintitelseiten oder in persona auf der Messe. Rob Dean Art aus London ließ Princess Pea auf dem Summit debütieren, um sie anschließend in einer Soloausstellung in London zu präsentieren.

Im Umgang mit politischen Themen tut sich die Kunstschau bisweilen schwer. So wurde sowohl 2008 als auch 2009 der indischen Künstlerlegende M. F. Husain die Teilnahme verwehrt, nachdem rechtsextreme Hindu-Gruppen mit Anschlägen drohten, weil er die Göttinnen Durga und Saraswati nackt abgebildet hatte. Die Messeleitung entschied sich für den Schutz der jungen Kunstschau. Das ist verantwortungsbewusst. Gleichzeitig fehlt dem India Art Summit dadurch aber auch jene Fähigkeit zeitgenössischer Kunstveranstaltungen, den Finger in Wunden zu legen. Die Statements zu Gewalt in der Gesellschaft oder zu Demokratie-Defiziten bleiben in Neu-Delhi zumeist vage und abstrakt.

Messe mit Bildungsauftrag

Die beteiligten internationalen Galerien sind sich einig, dass es sich lohnt, den India Art Summit als Brücke in den indischen Markt zu nutzen. Verkäufe? Sind nur zweitrangig – wenn man den fast einhelligen Statements der Galeristen Glauben schenkt. Es herrscht Pionierstimmung in Neu-Delhi.

Links
Ein Sicherheitsbeamter bewacht einen Teil der dreiteiligen Skulptur „Gandhi's Three Monkeys" von Subodh Gupta auf dem India Art Summit 2009. Schon zwei Jahre zuvor hatte das Werk auf der Art Basel Erfolge gefeiert.

Subodh Gupta: Gandhi's Three Monkeys (detail). 2007–2008. Bronze, old utensils, steel. Helmet head: 175 x 125 x 150 cm.

Die junge Künstlerin Suchitra Gahlot hat sich mit dem Tabuthema Trauer auseinandergesetzt. Auf einer Homepage ließ sie Personen mit einem Wort beschreiben, warum sie zuletzt geweint haben. Die 1.000 Antworten hat Gahlot auf kleine Flaschen, gefüllt mit künstlichen Tränen, geklebt. Zur Installation, die 2009 gezeigt wurde, gehört auch eine Schreibmaschine mit eingespannten Etiketten, bereit zum Beschriften des nächsten Etiketts. Ferner gibt es eine limitierte Anzahl an Tissue Boxes mit jeweils 250 Papierservietten – jede einzelne beschriftet mit einem Grund zum Weinen. Weitere Gründe werden gesammelt auf: www.onethousandtears.com.

Suchitra Gahlot: One Thousand Tears. 2009. Mixed media.

Das passt gut zum Konzept der Messemacher. Für Messechefin Neha Kirpal geht es neben dem Umsatz auch darum, die zeitgenössische Kunst auf einer möglichst breiten Basis zu verankern. Beim Forum traten 2009 ausländische Kunstgrößen wie der französische Kunsttheoretiker Thierry de Duve, der führende chinesische Kurator Gao Minglu oder der Tate-Kurator Nicolas Bourriaud mit der indischen Kunstszene in Kontakt – ein Brückenschlag, der vom Publikum begeistert aufgenommen wurde. Das Resultat ist allerorten am Publikum abzulesen: Die smarten Geschäftsleute im hochwertigen Zweireiher mischen sich mit hippen, jungen Frauen und Männern, mit Familien und ihren Kindern sowie mit Schülern, die sich in Uniformen an den Ständen vorbeischieben. Das Projekt „Kunstmarkt Indien" scheint zu greifen, auch wenn ein Umzug von einem Sommer- auf einen Wintertermin bedeutete, dass die Messe 2010 nicht stattfand. Wenn es nach Kirpal geht, wird die Messe nach ihrem Neustart 2011 schon bald über 70.000 Besucher verzeichnen und damit zu den größten der Welt gehören.

Stadt	Neu-Delhi
Veranstaltungsort	Pragati Maidan
Datum	Mitte/Ende Januar
Gegründet	2008
Schwerpunkte	Indische und internationale Moderne und zeitgenössische Kunst.
Galerien	58
Besucher	40.000
Rahmenprogramm	Speakers' Forum: Seminare und Panels mit indischer und internationaler Besetzung. Video Lounge: Kuratiertes internationales Videoprogramm. Sculpture Park: Kuratierter Skulpturenpark mit Werken der beteiligten Galerien. Art Education Series: Künstlerische Workshops und Bildungsprogramme für Messebesucher. Kunstprojekte und Begleitevents in anderen Kultureinrichtungen.
Leiter	Neha Kirpal
Internet	www.indiaartsummit.com

ARCOMADRID

Der Skandal war längst nicht so groß, wie die Medien es glauben ließen. Dennoch illustrierte er das Dilemma der ARCOmadrid überdeutlich. Knapp 300 Galerien und mehr als 250.000 Besucher verzeichnete die Messe in ihren besten Jahren. Seither stagniert die Zahl. Die Lücken in den drei gigantischen Hallen sind nicht mehr zu kaschieren. Ein Gesundschrumpfen bietet sich an, doch die Messegesellschaft IFEMA will gerne zurück zu alter Größe. Im Vorfeld der Arco 2010 wollte sie kurzerhand Lücken, die durch kurzfristige Absagen entstanden waren, durch bereits abgelehnte Galerien auffüllen: Ein Affront gegen das Komitee und ein Angriff auf die künstlerische Glaubwürdigkeit der Messe. Ein handfester Streit über die Zulassungskriterien zur Arco war die Folge.

Fernando Botero ist eine feste Größe in der spanischsprachigen Kunst. 2010 präsentierte die New Yorker Galerie Marlborough Boteros „The Beach", das mit einem Preis von 1,4 Millionen Euro zu den teuersten zeitgenössischen Werken auf der ARCOmadrid der letzten Jahre zählt.

Fernando Botero: The Beach. 2006. Oil on canvas, 131 x 189 cm.

Eigentlich läge die Lösung so nahe. Die Arco könnte den Weg beschreiten, den man auch an vielen anderen Messestandorten geht: Zulassungskriterien verschärfen, die Messe verkleinern, die Qualität steigern. So einfach ist das aber nicht in Madrid, denn die Arco ist ein Ereignis, das die ganze Gesellschaft mobilisiert. Sie ist Teil der kulturellen DNA der spanischen Gesellschaft. Das hat mit den Umständen ihrer Entstehung im Jahr 1982 zu tun: Spanien stand damals nach Jahrzehnten der Diktatur vor einem gesellschaftlichen und kulturellen Scherbenhaufen. Aber statt zu erstarren, machte sich das Land selbstbewusst auf den Weg hin zu einer ultramodernen Kulturnation. Spanien präsentierte sich fortan mit der Miró-Sonne, holte Fußball-WM, Olympische Spiele und EXPO in das Land, gab dem Kulturleben neue Impulse und schuf spektakuläre Museumsbauten. Was hier geschah, war nicht nur Imagepflege gegenüber dem Ausland, sondern auch ein kultureller Aufbruch der gesamten Gesellschaft – mit der Arco als zentralem Baustein.

Links
Die ARCOmadrid, hier 2009, füllt so viel Fläche wie kaum eine andere Kunstmesse. Die mehr als 200 Galerien – zeitweise waren es knapp 300 – verteilen sich über drei Messehallen.

Die ARCOmadrid setzt in den vergangenen Jahren verstärkt auf AV- und neue Medien. Im Segment CinemaLoop wurde 2009 unter anderem Rebeca Méndez' atemberaubendes Werk „At Any Given Moment" gezeigt, in dem sie die isländischen Naturgewalten in ihrer Rhythmik choreografiert.

Rebeca Méndez: At Any Given Moment. River and Fall. 2006–2009. Still from Video.

Ein kulturelles Volksfest

Dass die Arco seit vielen Jahren der Gigant unter den Kunstmessen ist, fügt sich gut in dieses Selbstverständnis ein. Für die Madrilenen hat sie den Rang eines kulturellen Großereignisses, eines Volksfestes, zu dem alle pilgern: Kunstsammler, Interessierte, Jugendliche, Schulklassen, ganze Familien. Aber auch die „Stützen der Gesellschaft" lieben ihre Arco: König Juan Carlos und Königin Sofía sind ebenso Dauergäste wie Prinz Felipe und Prinzessin Letizia. Für die Royals ist der Besuch auf dem IFEMA-Messegelände in der zweiten Februarhälfte keine Pflicht, sondern eine Herzensangelegenheit. Als der „Robotic Chair" von Max Dean, Raffaello D'Andrea und Matt Donovan während des königlichen Rundgangs mit einem lauten Knall auseinanderbarst, um sich anschließend von selbst wieder zusammenzusetzen, ließ der König, vom Lärm aufgeschreckt, den Zeitplan kurzerhand sausen und sah sich das Schauspiel an. Geschlagene 20 Minuten.

Wenn trotz der hohen nationalen Aufmerksamkeit ausländische Sammler zuletzt rarer wurden, weil sie eine zunehmende Provinzialität der Messe monierten, kümmerte dies das spanische Stammpublikum wenig – sehr wohl aber die Arco-Leitung. Sie focht den Kampf mit der Messegesellschaft IFEMA über die Zulassungskriterien aus, im Rücken den Druck spanischer Galerien, die mit einem Boykott drohten. Am Ende stand ein Kompromiss, der – fast – alle wieder ins Boot holte: Die beiden abgelehnten Galerien kamen mit auf die Arco, dafür wurde aber eine breit angelegte Diskussion über die Zukunft der Messe unter Beteiligung der Messeleitung, der IFEMA und der spanischen Galerien angekündigt.

Dieses Erbe muss nun der neue Messechef Carlos Urroz antreten, nachdem Fernández angesichts der desaströsen Verkäufe von 2010 den Hut nahm.

Brücke zwischen Südamerika und Europa

Das spanische Feuilleton registrierte positiv, dass die New Yorker Galerie Marlborough 2010 Werke von Fernando Botero nach Madrid brachte, jenem Grandseigneur der Ibero-Kunstszene, dessen rundliche, naiv und fast humoristisch anmutenden Figuren meist mit einem kritischen politischen und sozialen Unterton unterlegt sind. Sein Werk „The Beach" von 2004 zählte mit einem Preis von knapp einer Million Euro zu den teuersten Werken auf der Arco. Damit passte sich Marlborough an die neuen Käuferrealitäten an. Im Vorjahr hatte die Galerie noch auf die ganz großen internationalen Namen gesetzt, unter anderem mit einer Arbeit von Francis Bacon, die Marlborough für 15,7 Millionen Euro im Angebot hatte.

Es führt kein Weg um die Erkenntnis, dass die spanischen Sammler enthusiastisch sind, aber dennoch oberhalb der 100.000-Euro-Grenze die Luft dünn wird. Kann die Arco kompakter und markanter werden? Das Publikum würde diesen Schritt vermutlich sogar mitmachen, denn die Madrider Kunstschau ist in ihrer jetzigen Größe ohnehin kaum mehr zu bewältigen. Und ohne internationale Sammler – wenn es vielleicht auch darum geht, sich auf bestimmte Regionen wie zum Beispiel Südamerika zu konzentrieren – wird es für die Arco nicht gehen.

Waren Kunstmessen ursprünglich als Verkaufsschauen konzipiert, kamen schnell nicht-kommerzielle Formate hinzu: Mit Performances, wie hier auf der ARCOmadrid 2009, mit Happenings, nicht-verkäuflichen Auftragsarbeiten und in jüngeren Jahren auch immer mehr mit Musik, Tanz und Film haben sich die Messen zu Kunstevents entwickelt, die das künstlerische Geschehen auf breiter Ebene spiegeln.

Gerade die Attraktivität für den südamerikanischen Markt ist schon jetzt eine wichtige Trumpfkarte der Messe. Sowohl Sammler als auch Galerien beginnen, die Arco als europäische Leitmesse für sich zu entdecken. „Dauerhaft werden wir die Arco als *die* Brückenmesse zwischen Südeuropa und Südamerika positionieren", so der neue Arco-Chef Carlos Urroz.

Prinz Felipe und Prinzessin Letizia bei der Eröffnung der ARCOmadrid 2009. Seit Jahren lässt es sich das spanische Königshaus nicht nehmen, bei der Eröffnung der Messe persönlich anwesend zu sein.

Innovation statt Kontroverse

Neben den Konflikten zwischen Arco, IFEMA und den Galerien hat die Messe in den letzten Jahren viel zu häufig durch das Suchen nach Provokationen auf sich aufmerksam gemacht. So kam es 2010 zu einer Beschwerde der israelischen Botschaft über Eugenio Merinos Werk „Stairway to Heaven". Die Arbeit zeigt einen betenden Muslim, auf dessen Rücken ein betender Pater kniet. Auf dessen Schultern steht wiederum ein Rabbi. Der Galerie war es gelungen, das Werk für 50.000 Euro an einen Belgier zu verkaufen. Auch sonst erfreute sich das Werk einer hohen – teils amüsierten, teils schaudernden – Aufmerksamkeit durch die Besucher. Merino zeigte sich angesichts der Kritik erstaunt. Es sei ihm darum gegangen, die Koexistenz der Religionen darzustellen – eine eher fadenscheinige Deutung, wie sich bei einem kurzen Blick durch Merinos Gesamtwerk zeigt. Noch im Vorjahr war er Publikumsmagnet mit einer Büste, die Damien Hirst bei einer Selbstexekution zeigte.

Es war beileibe nicht das erste Mal, dass sich die Messe krawallig zeigte. Bereits 2005 hatte es eine enorme Aufregung gegeben, als die Gruppe „El Perro" Folterszenen aus Abu Ghraib ultrarealistisch als Skulptur nachstellte.

Für die Arco sind solche Aufreger eher eine Sackgasse. Die Messe braucht Innovationen und Internationalität statt Provokation und Pathos. Schon jetzt ist die Schau genau dort am stärksten, wo sie Innovationen zulässt: Im Programm ARCO40, das Teil des Hauptprogramms ist, müssen sich die Galerien darauf beschränken, auf einer festgelegten Fläche von 40 Quadratmetern maximal drei junge Künstler zu präsentieren. Die Expanded Box konzentriert sich auf moderne Technologien und digitale Kunst, CinemaLoop integriert die erfolgreiche Video- und AV-Kunstmesse Loop in das Arco-Konzept. Eine souveräne CinemaLoop-Präsentation wie Rebeca Méndez' Video-Installation „At Any Given Moment: River and Fall", eine filmische Liebeserklärung an die Rhythmik isländischer Naturgewalten, hat allseits beeindruckt und bleibt in Erinnerung.

Mit leisen Tönen Größe zeigen – so muss der Weg für die Arco aussehen. Genau hierfür wurde Urroz geholt, der sich in den Jahren zuvor einen Namen als innovativer, international vernetzter Fleißarbeiter gemacht hat.

Der „Robotic Chair" von Max Dean, Raffaello D'Andrea und Matt Donovan beim eigenständigen Zusammenbau. Das Werk war ein Publikumsrenner bei der Arco 2007. Selbst König Juan Carlos änderte seinen Zeitplan für den Messebesuch, um den „Robotic Chair" zu sehen.

Aluminum chassis with wood veneer, custom mechanical joints, 14 MicroMo electric motors, wheels, battery pack, wireless radio, custom electronics designed and built by Steve Lowe, four carbon fiber legs covered with wood veneer, steel, fiberglass covered with wood veneer chair back.
84 x 49 x 44 cm.

DIE NEBENMESSEN DER ARCOMADRID

Art Madrid

Die Art Madrid wurde 2006 von verschiedenen spanischen Galerien gegründet, die von der Arco abgewiesen worden waren oder ihre künstlerischen Schwerpunkte nicht auf der Arco repräsentiert sahen. Das Profil war ein rein spanisches – und ist es im Wesentlichen bis heute. Neue Schwerpunkte setzt die Art Madrid bei der jungen Kunst sowie beim Dialog mit der südamerikanischen Kunst. Dadurch wirkt sie weitgehend wie eine kleine Kopie der ARCOmadrid. „Klein", das heißt nach spanischen Maßstäben, dass die Art Madrid immerhin noch von gut 40.000 Gästen besucht wird, was auch damit zu tun hat, dass die spanischen Sammler weniger Berührungsängste mit dem nationalen, teils recht kommerziellen Profil der Art Madrid haben.
www.art-madrid.com

Die spanische Galeristin Juana de Aizpuru am Stand ihrer Galerie auf der Arco. Ohne de Aizpuru gäbe es die Arco nicht: 1982 hatte sie die Messe ins Leben gerufen. In den folgenden Jahren prägte sie maßgeblich den Eventcharakter der Kunstschau.

Just Madrid

Mit Just Madrid haben die Macher von MadridFoto 2010 eine aussichtsreiche Satellitenmesse zur Arco installiert. Internationale Newcomer schaffen hier eigens für die Messearchitektur in den alten Industriebauten La Lonja und Nave de Terneras neue Werke. So könnte die Just Madrid eine wirklich sinnvolle Ergänzung zur Hauptmesse darstellen.

Alle Beteiligten sollen sich dem Wahlspruch „innovation, risk and new formats" verschreiben. Im Premierenjahr ging diese Rechnung auf: Die angebotene Kunst war innovativ, interessant und angenehm respektlos. 70 Prozent der 32 ausstellenden Galerien kamen aus dem Ausland – hierunter auch etablierte Namen. Eine beeindruckende Bilanz für den Messeneuling, die maßgeblich auf das Engagement von Carlos Urroz zurückzuführen ist. Der wurde mittlerweile abgeworben. Nun muss sich zeigen, wie es Just Madrid gelingen wird, den innovativen, internationalen Spirit zu bewahren.
www.justmad.es

Feria DEARTE

Die Feria DEARTE residiert im Kongresspalast nahe des Santiago Bernabéu. Sie präsentiert laut eigenem Leitspruch „Kunst zum Leben" und ist entsprechend von der Auswahl der Galerien und vom Kunstangebot eher von regionalem Interesse.
www.dearte.info

Der in Los Angeles arbeitende Künstler Camilo Ontiveros erhielt 2010 den illy Preis der ARCOmadrid. Mit „I Want Your Washing Machine“ nahm Ontiveros an der Sektion „Panorama“ teil. Die Galerie Steve Turner Contemporary zeigte diese Installation, für die Ontiveros alte Waschmaschinen zusammenstellte, die restauriert und angemalt worden waren.

Stadt	Madrid
Veranstaltungsort	IFEMA Feria de Madrid-Messegelände
Datum	Mitte/Ende Februar
Gegründet	1982
Schwerpunkte	Internationale Moderne und zeitgenössische Kunst.
Galerien	227
Besucher	148.000
Rahmenprogramm	Solo Projects: 30 kuratierte Projekte aufstrebender und experimenteller Künstler. Expanded-Box: Werke von Künstlern, die sich innovativer und neuer Technologien bedienen. CinemaLoop: Programm mit Videoarbeiten und audiovisueller Kunst in Kooperation mit der Videokunstmesse Loop Barcelona. Performing Arco: Programm mit Live Performances. Arco Instituciones: Zeigt Werke öffentlicher und privater Einrichtungen. Art Publishers and Magazines: Plattform für Verlage und Zeitschriften. Experts Forum: Diskussionen und Gespräche zwischen Künstlern, Sammlern, Kritikern, Theoretikern und anderen Akteuren der Kunstszene. Panorama: Fenster mit Künstlern aus einem Gastland oder einer Gaststadt. Gast des Panorama-Programms waren 2009 Indien und 2010 Los Angeles.
Leiter	Carlos Urroz
Internet	www.ifema.es/ferias/arco/default.html

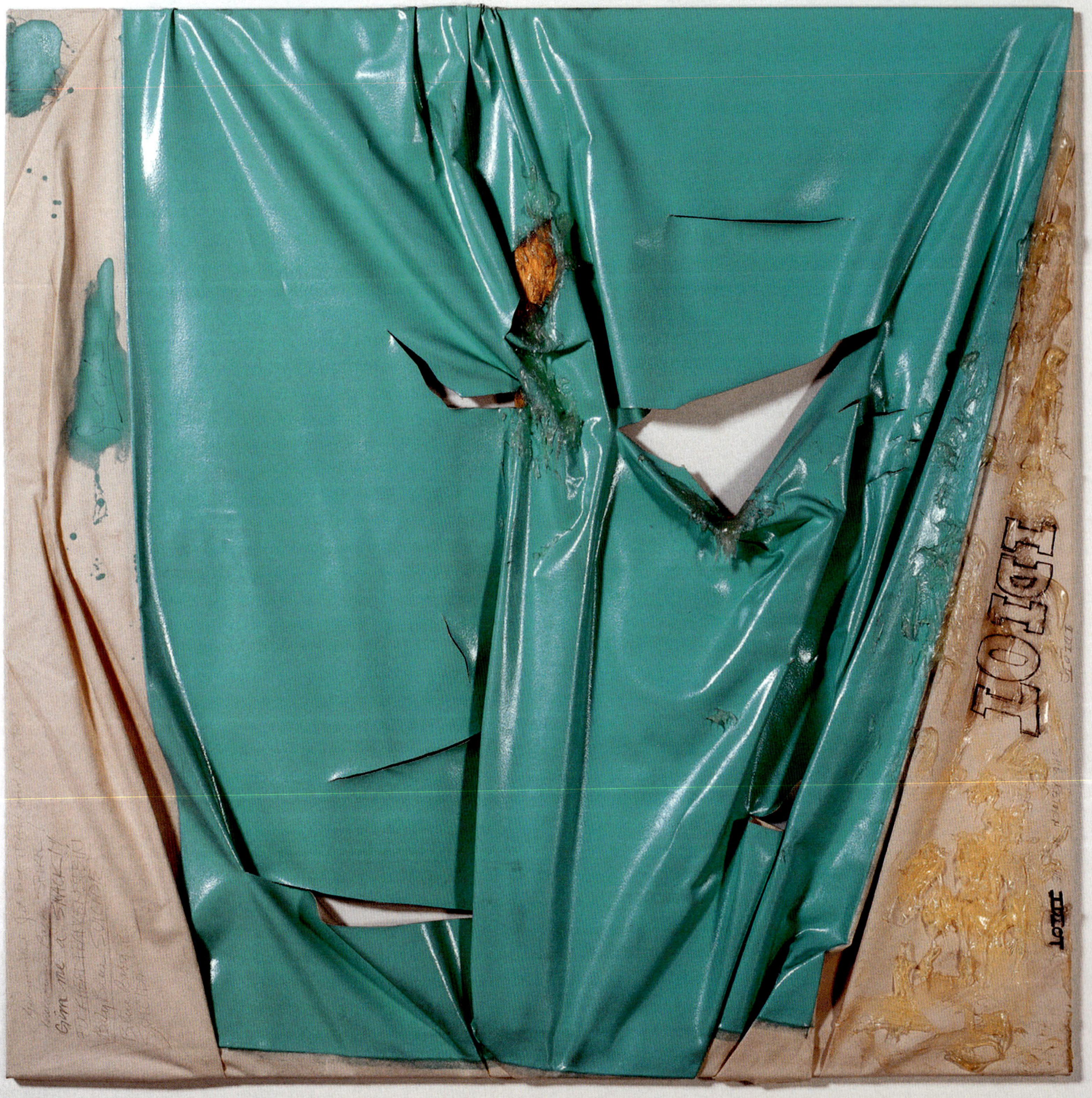

THE ARMORY SHOW

Weit entfernt von der Überdrehtheit Miamis ist die Armory Show in New York die vielleicht coolste Messe im internationalen Geschäft und noch immer State of the Art unter den amerikanischen Messen. Das Bild der vor Landungsbrücken am Hudson River vorfahrenden Yellow Cabs ist mittlerweile fest mit der New Yorker Kunstschau verbunden. Alle kommen, betont schrill, betont lässig, betont kosmopolitisch: Ob Björk mit quietschig gelben Socken in silbernen Sandalen, ob R.E.M.-Frontmann Michael Stipe betont schlampig blau bemützt, ob Kyra Sedgwick oder Sofia Coppola. Alle sind entspannt, alle geben sich nach ihrer Fasson. That's NYC!

Das Bild der Yellow Cabs, die hier 2009 vor dem Pier 94 vorfahren, steht mittlerweile ikonografisch für die Armory Show.

Der Umzug an den Hafen war ein Glücksfall für die Messe. Sicher wird sie noch lange an diesem Ort bleiben, obwohl man im Namen immer noch den alten Standort, das Zeughaus („Armory") des 69th Regiment an der Ecke von Lexington Avenue und 25th Street, trägt und wohl für immer tragen wird. Die Bezeichnung ist klug gewählt, denn der Name „Armory Show" verweist auch auf die gleichnamige Kunstausstellung aus dem Jahre 1913, die eben dort stattfand und als Geburtsstunde der Modernen Kunst in den USA gilt. Das ist die selbstbewusste Auffassung, mit der die Armory Show an den Start geht: eine Bestandsaufnahme der letzten Trends zu liefern und in neues Terrain vorzustoßen. Wirkliche Neuentdeckungen können derweil eher auf den zahlreichen Nebenmessen gemacht werden.

Links
Kurz nach seinem tragischen Tod hoben die Preise für Steven Parrinos Arbeiten ab. Sein Werk „Blue Baby Suicide", das ein wenig an die Schnittbilder Fontanas erinnert, wurde 2008 von der Galerie Massimo De Carlo für 600.000 US-Dollar verkauft.

Steven Parrino: Blue Baby Suicide. 1995. Enamel and silicon on canvas, 190 x 190 cm.

Dort, wo politische Provokationen und offene Sexualität kaum noch Wirkung erzielen, kann eine zarte Andeutung des Themas Sexualhygiene und -gesundheit peinliche Verunsicherung erzielen. Anya Zholuds „Gynäkologische Praxis" ist in ihrem Minimalismus ausgesprochen ästhetisch und zugleich wirkungsvoll. Das Werk wurde 2010 auf der Armory Show gezeigt.

Anya Zholud: Gynecological Office. 2008. Metal, dimensions variable.

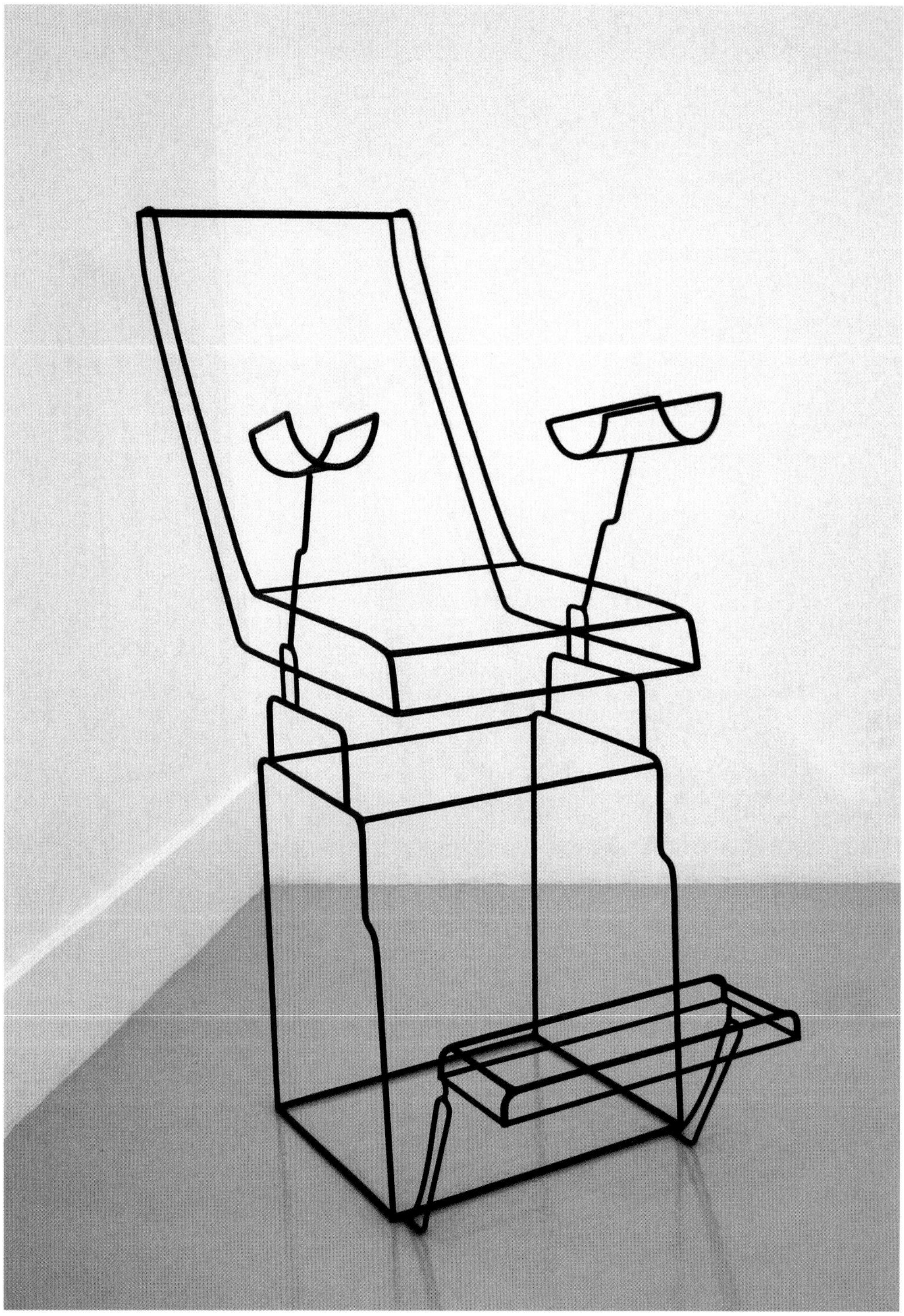

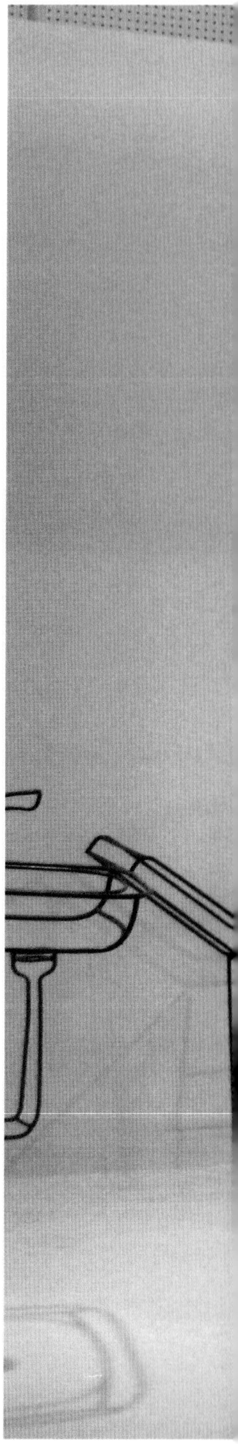

Die Show wird größer – und jünger

Seit 2009 ist die Messe in die Bereiche „Contemporary" (Pier 94) und die neue, kompaktere Sektion „Modern" (Pier 92) unterteilt, was die Größe auf fast 300 Verkaufsflächen hat emporschnellen lassen. Damit stemmt sich die Armory gegen den Markttrend. Die Show ist nun minimal größer als die Art Basel Miami Beach. Hinzu kommt das enorme Angebot an Nebenmessen: Ein gutes Dutzend mit jeweils eigenem Profil gab es in den Spitzenjahren – dazu noch gut und gerne 20 kleinere Verkaufsmessen in Hotels. Diese Zahl ist leicht

rückläufig, dafür nimmt die Qualität dieser Satelliten weiter zu: von der Volta NY, die ebenso wie die Armory Show dem Messebetreiber Merchandise Mart gehört, über neue Marktteilnehmer wie die für Furore sorgende Independent, bis hin zur erfolgreichen ADAA Art Show des amerikanischen Kunsthändlerverbandes.

Interessant erscheint, dass die Armory Show die Expansion auch zur Verjüngung genutzt hat. Nach dem Krisenjahr 2009 setzten mehr als 90 Galerien – darunter einige der großen Namen aus dem Galerienviertel Chelsea – ihre Teilnahme aus und öffneten damit den Weg für Wiedereinsteiger und Newcomer. Das hat frisches Blut in die Show gebracht und sie ein gutes Stück vom „Closed Shop"-Problem manch anderer Premium-Messe weggeführt.

Die Stadt als Rahmenprogramm

Die Messe ist und bleibt ein Magnet für internationale Sammler. Über 50 Prozent der Besucher stammen nicht aus New York, rund ein Drittel reist aus dem Ausland an. Für die großen US-Sammler ist die Armory trotz der starken Stellung Miamis in den vergangenen Jahren gesetzt. Auch in Krisenzeiten ist die Show gefragt: Am Wochenende zieht sich die Warteschlange vor dem Eingang schon mal um zwei Blöcke – für VIPs und das „normale" Publikum gleichermaßen.

Wie funktionieren die Formen und die Sprache des Protests, wenn sie aus ihrem zeitlichen Zusammenhang herausgerissen werden? Sharon Hayes ließ sich in verschiedenen Städten der Welt dabei fotografieren, wie sie historische und fiktive Protestparolen verkündet. Zu sehen war das Werk auf der Armory 2010.

Sharon Hayes: In The Near Future, London. 2008. Multiple-slide-projection installation.

Das Feuilleton der „New York Times" bemängelte zuletzt die Abwesenheit von sozial und politisch kritischer Kunst, und Künstlerikone Chuck Close kritisierte die 2010er Show als „hohl und ordinär". Provokation beschränke sich auf selbstreferentielle Betrachtungen zum Verhältnis zwischen Künstler und Kunstmarkt, so wie Richard Jacksons Skulptur eines Bein hebenden Hundes, der nach Entplombung die Wand im Zuhause des Käufers mit roter Farbe bepinkeln sollte. Dabei tut die „New York Times" der Messe unrecht. Die ritualisierte Selbstbezogenheit ist ein weltweites Kunstmesse-Phänomen. Möglicherweise ist der Armory-Leitung aber vorzuhalten, weniger als die anderen großen Messen auf kuratierte, nicht-kommerzielle Zusatzangebote zu setzen. Die Armory geht hier gegen den Trend, begründet dies aber schlüssig: Da New York ohnehin die wohl reichste zeitgenössische Kunstszene der Welt aufweist, liegt es nahe, dieses Umfeld mit in die Messe einzubeziehen. Mit dem neuen Programm „Arts Week" verästelt sich die Messe in die Stadt hinein und macht sie zu ihrer

Kunstkauf in Zeiten der Krise: Christine Hill baute in der Armory 2009 ihre „Volksboutique Armory Apothecary“ auf und verkaufte dort Ratschläge und Rezepturen gegen die Krisendepression der Sammler.

Christine Hill: The Volksboutique Armory Apothecary. 2009.

Bühne: mit Empfängen und Partys, Atelierbesichtigungen und Spezialschauen in Museen, mit Performances und Diskussionsveranstaltungen.

Auch am Rahmenprogramm auf der Messe selbst wurde kräftig geschraubt. So gab es 2010 erstmals Armory Focus. Hier soll jährlich eine künstlerisch prosperierende Region oder Stadt in den Mittelpunkt rücken. Den Start markierte Berlin – ganze 21 Galerien aus der deutschen Hauptstadt versammelten sich auf der Show und präsentierten einen beeindruckenden Querschnitt durch das enorme kreative Potenzial Berlins.

Die visuelle Identität der Armory Show wird jedes Jahr von einem anderen Künstler gestaltet. Herausragend waren die farbenstarke und verträumte Bildsprache, die Pipilotti Rist 2007 der Messe verpasste, oder auch Mary Heilmanns und John Waters 2008 gewählter Leitspruch „Study Art – for Profit or Hobby", verewigt als abgenutzte Fifties-Style-Leuchtreklame.

Volksboutique Armory

Der besondere Status der Armory Show auf dem amerikanischen Markt bewegt die Galeristen stets aufs Neue, Highlights nach New York zu bringen. 2010 begeisterte – unter vielen eher vorsichtig-konservativen Messepräsenzen – Tanya Bonakdar mit Werken von Olafur Eliasson, dessen künstliche Wasserfälle am Hudson River gerade erst anderthalb Jahre zuvor die New Yorker in Begeisterung versetzt hatten.

Vom Feuilleton ebenfalls gefeiert: Ronald Feldman Fine Arts, wo Christine Hill bei der Show 2009 eine Apotheke nachgebildet hatte, in der sie die Gäste der Messe empfing, deren Leiden abfragte, Rezepte ausstellte und Ratschläge erteilte. Hills „Volksboutique Armory Apothecary" war ein brillanter Kommentar zur Wirtschaftsdepression, die auf der Armory Show 2009 voll durchschlug. Für 40 US-Dollar lauschte Hill den Seelenleiden der krisengeplagten Sammler, gab Ratschläge und stellte „heilende" Rezepturen zusammen – aus Dosen, die mit Worten wie „Gelassenheit", „Altruismus" beschriftet waren.

Sies + Höke zeigte Skulpturen von Kris Martin, die auf wundervolle Weise brachial und zart zugleich sind: An dem Stand reihten sich mehrere gigantische Felsblöcke aneinander – jeder von ihnen an der Spitze mit einem klitzekleinen Gipfelkreuz versehen. Das Werk fand für 200.000 US-Dollar einen Käufer.

Die Befindlichkeiten des anspruchsvollen New Yorker Publikums werden von den Galeristen offenbar gut getroffen:

Laurent Godin brachte 2009 die Bilderserie „Plane Landing in Paris" der polnischen Künstlerin Aleksandra Mir mit an die Piers. Mir hatte ein überdimensionales, aufblasbares Flugzeug an verschiedenen Pariser Orten in einem stetigen Prozess des Landens installiert. Eine ironische Arbeit, die im New Yorker Kontext aber auch eine gewisse Beklommenheit erzeugte.

Bei Tanya Leighton war 2010 eine hervorragende Arbeit von Sharon Hayes zu sehen, die an verschiedenen Orten – hierunter auch New York – historische und fiktive Protestslogans auf die Straße brachte und die Reaktionen darauf dokumentierte. Ein schöner Seitenhieb auf die amerikanische Protestkultur, die mehr und mehr einer gesteuerten Eventisierung zum Opfer fällt.

Anya Zholuds „Gynäkologische Praxis" bei der Moskauer Aidan Gallery war in feinen Linien aus Metallgestänge angedeutet, zugleich aber konkret genug, um das amerikanische Publikum peinlich zu berühren – eine Öffentlichkeit, die keine Berührungsängste mit politischer und sozialkritischer Provokation kennt, die sich aber mit einem Thema wie Sexualhygiene und -gesundheit eher ungern öffentlich konfrontiert sehen möchte.

Europäer im Kaufrausch

Insgesamt zeigt sich die Armory Show sichtbar erholt von der Krise. Bei der Preview 2010 gab es tumultartige Käufe wie zu besten Zeiten. Die Amsterdamer Upstream Gallery, erstmals auf der Armory, konnte nach nur 35 Minuten ihre Soloshow mit den obszönen Werken von David Haines als ausverkauft melden. Michael Schultz aus Berlin verkaufte für 130.000 US-Dollar das neuste Werk von Zou Cao nach fünf Minuten – die Farbe war buchstäblich gerade getrocknet.

Trotzdem ist die Messe noch nicht wieder dort, wo sie 2007 und 2008 war, als die Armory jeweils deutlich über 75 Millionen US-Dollar an Verkaufsumsätzen einspielte. In jenen Jahren des überhitzten Kunstmarktes und der günstigen Dollarkurse – welche die europäischen Sammler geradezu in Kaufräusche versetzte – wurden reihenweise Millionenpreise unter den Vertretern der Moderne aufgerufen. Bei zeitgenössischer Kunst gab es zahlreiche Verkäufe im satten sechsstelligen Bereich. Werke des 2005 verstorbenen Steven Parrino, der zu Lebzeiten nie den Sprung unter die ganz großen Namen geschafft hatte, wurden auf der Armory 2008 der Galerie Massimo De Carlo geradewegs aus den Händen gerissen. Parrinos „Blue Baby Suicide", das in der Tradition Lucio Fontanas gesehen werden kann, ging gar für 600.000 US-Dollar weg. Die New Yorker Galerie Cheim & Read setzte derweil mehrere LED-Arbeiten von Jenny Holzer zu einem Stückpreis zwischen 300.000 und 400.000 US-Dollar ab, so wie auch Hauser & Wirth alle drei quietischigen „Mimi"-Skulpturen von Paul McCarthy an den Mann brachte.

Aleksandra Mir versetzte ein aufblasbares Passagierflugzeug an verschiedenen Orten in Paris in einen permanenten Landeprozess. Viele schmunzelten über das Werk. 2009 in einem New Yorker Kontext präsentiert, provozierte es aber auch ein Nachdenken über die Kraft von Bildern und Assoziationen, die das kollektive Gedächtnis prägen.

Aleksandra Mir: Plane Landing in Paris, October 20–23. 2008.

Brachial und zart zugleich: Sies + Höke präsentierte 2010 Kris Martins Felsblöcke, die mit einem kleinen Gipfelkreuz versehen sind. Erscheinen die Felsen zunächst noch riesig und schwer, fühlt sich der Betrachter plötzlich als Riese, der zwischen den Gipfeln eines Gebirges umherwandert.

Kris Martin: Summit. 2009. Found stones, paper crosses, ink.

Das waren selige Zeiten. Nachdem die Armory Show 2009 mit einem blauen Auge davon kam, geht es ab 2010 wieder aufwärts. Zurück zu alten Höhen? Das ist fraglich – nicht nur für die New Yorker Kunstschau, sondern für den gesamten Messemarkt. Die Stimmung am Hudson River ist jedoch gelassen und der Blick in die Zukunft optimistisch. Zu Recht.

Stadt	New York
Veranstaltungsort	Piers 92 & 94
Datum	Anfang März
Gegründet	1994 Gründung des Vorläufers Gramercy International Art Fair 1999 Gründung der Armory Show
Schwerpunkte	Internationale Moderne und zeitgenössische Kunst des 20. und 21. Jahrhunderts.
Galerien	285
Besucher	60.000
Rahmenprogramm	Armory Arts Week: Allabendlich wechselndes Begleitprogramm im gesamten Stadtbereich mit Empfängen, Atelierbesichtigungen, Kunsttouren, Sonderschauen in Museen, Performances, Diskussionsveranstaltungen und Partys. Armory Focus: Präsentation einer bedeutenden Kunstregion oder Stadt. Open Forum Discussions: Serie von Gesprächen und Diskussionspanels in Kooperation mit Volta NY. Docent Program: Führungen durch Kuratoren, Schriftsteller und Kunstkritiker.
Leiter	Katelijne De Backer
Internet	www.thearmoryshow.com

DIE NEBENMESSEN DER ARMORY SHOW

Volta NY

Die Volta NY ist die offizielle Schwestermesse der Armory Show. Als „amerikanische Inkarnation" der Volta in Basel präsentiert auch die Volta NY zeitgenössische Kunst ungeachtet des Alters der Galeristen und der Künstler. Mit der festen Vorgabe an die Galerien, ausschließlich Soloshows zu präsentieren, konzentriert sich die Messe auf die Künstler selbst. So schafft sie ein sehr eigenes und wiedererkennbares Format: Die Volta NY zu besichtigen, fühlt sich an wie 80 Atelierbesuche am Stück. Lohnenswert: Der Messekatalog, der aufwändig wie ein Künstlerbuch gestaltet ist.
www.voltashow.com

Pulse New York

Die innovative Pulse New York, die noch eine Schwestermesse in Miami hat, zeigt rund 60 internationale Galerien – damit hat sich die Schau von zwischenzeitlich über 100 Teilnehmern auf eine gesündere Größe geschrumpft. Interessant ist die Impulse-Sektion der Pulse, in der rund ein Dutzend Soloshows mit neuen Namen gezeigt werden. Weitere Sonderschauen widmen sich großformatigen Skulpturen – die sich über die ganze Messe verteilen und damit die übliche langweilige Standstruktur aufbrechen –, Performances sowie audiovisueller und technologischer Kunst. Mit ihrem breiten und zugleich innovativen Angebot ist die Pulse Art Fair das vielleicht wichtigste Ergänzungsangebot zur Armory Show.
www.pulse-art.com/newyork

The ADAA Art Show

Bei der Messe der amerikanischen Kunsthändler-Organisation im „Armory" an der Park Avenue zeigen rund 70 US-amerikanische Galerien Moderne und zeitgenössische Kunst sowie ausgewählte Meisterwerke in einer dynamisch gestalteten Umgebung. Die Art Show trägt das schwere Los, sich gegen den Giganten Armory zu stemmen, gelassen und mit viel Klasse. Trotz der scheinbar geringeren Attraktivität für das internationale Publikum setzt sie klare Akzente: So wird ihr Angebot im Bereich der Modernen Kunst von vielen Sammlern als hochwertiger und pointierter empfunden als es bei der Modern Section der Armory auf Pier 92 der Fall ist, die offensichtlich immer noch ihre Kinderkrankheiten durchstehen muss.
www.artdealers.org/artshow.html

Scope New York

Die Scope New York, auch sie mit einer Schwestermesse in Miami, residiert in einem großen Zelt im Damrosch Park des Lincoln Centers und hat damit längst den Nimbus einer Hotelmesse abgelegt. Rund 50 internationale Galerien gibt es hier zu sehen. Jüngst machte die Messe auch Ausflüge in die Bereiche Mode und Film und ist somit unter den Armory-Satelliten jene Messe, die am interdisziplinärsten denkt und mit frischen Ideen aufwartet: Brillant war eine „Personal Development Auction" bei der Scope 2010, auf der die Bieter Mini-Mentorships ersteigern konnten.
www.scope-art.com

Die Koje der Gallery Diet, Miami, auf der Volta NY 2010. Die Nebenmesse gilt seit Jahren als innovativer Teil der Armory.

Charley Friedman: Untitled (graphite on paper). 2009.

Magic Powers (felt). 2010.

Independent Art Fair

Mit der Independent Art Fair ist jüngst eine weitere Messe in den Kreis der Armory-Satelliten getreten, der es gelungen ist, diesen scheinbar schon gesättigten Markt noch einmal aufzuwühlen. Die von der quirligen New Yorker Galeristin Elizabeth Dee und ihrem Londoner Kollegen Darren Flook initiierte Independent ist frisch und experimentell, ohne Kojenzwang und mit der Anmutung einer Ausstellung, die nicht Verkaufsveranstaltung sein will. Einige etablierte Galerien entschieden sich, neben der Armory gleichzeitig auf der Independent vertreten zu sein. Die Macher der Independent Art Fair haben mit dem ehemaligen Dia Center for the Arts als Standort ein äußerst glückliches Händchen bewiesen.
www.independentnewyork.com

Fountain Art Fair New York

Die Fountain Art Fair wurde 2006 gegründet, um sich mit einem eigenen, überwiegend experimentellen Profil gegen die kommerziell erfolgreichen Messen der Armory Arts Week abzuheben. Mit gerade einmal rund 20 beteiligten, zumeist jungen und unabhängigen Galerien und einem Format, das eher einer Ausstellung als einer Messe ähnelt, entwickelt sie eine persönliche Atmosphäre, die zugleich ein wenig roh und anarchistisch wirkt. Die Zeitschrift „Artforum" beschrieb die Fountain Art Fair jüngst als Messe „mit einem rumpeligen,

jugendlichen Verve, an dem es den prestigeträchtigeren Nachbarn fehlt. Fountain hebt sich durch eine Vintage Street Art/Autodidakten-Ästhetik ab."
www.fountainexhibit.com

Red Dot New York

Red Dot ist ein wenig wie die gute Stube der New Yorker Kunstmessewoche Anfang März. Weitgehend unter Abwesenheit internationaler Galerien präsentieren sich hier kaum mehr als 30 US-Galerien von eher lokaler Bedeutung. Damit ist die Red Dot ein wohltuend persönliches und unaufgeregtes Gegenprogramm zu den teils recht marktschreierischen anderen Messen der Armory Week.
www.reddotfair.com

Verge New York

Verge New York – vormals Bridge Art Fair – ist eine der klassischen Hotelmessen. Residierend im Dylan Hotel zeigt Verge rund zwei Dutzend Galerien aus Amerika, Europa und Asien. Nach eigener Aussage ist die Verge die einzige Messe, die sich allein auf „emerging artists" beschränkt.
www.vergeartfair.com

PooL New York

Die PooL Art Fair stellt sich in die Tradition der französischen Kunstmessen für unabhängige Künstlerprojekte und hat damit ein recht eigenständiges Format am amerikanischen Markt geschaffen. Die kleine Hotelmesse konzentriert sich ganz auf Künstler, die nicht durch Galerien repräsentiert sind. Gezeigt werden über 60 Künstler, verteilt auf 30 Räume. Die Kunstschau findet auch im Rahmen der Art Basel Miami Beach sowie mit einem Ableger auf Guadeloupe statt.
www.poolartfair.com

AFFORDABLE ART FAIR

Familien schlendern durch das lichte Zelt im beschaulichen Battersea Park. Jazzmusik klingt durch die Gänge. Einige Gäste nippen an Weingläsern, andere lernen gerade in einem Workshop, wie Collagen angefertigt werden. Vorne am Ausgang sind Mitarbeiter der Wrapping Station damit beschäftigt, verkaufte Werke sorgsam zu verpacken. Für Beobachter der Szenerie ist schnell klar: Die Affordable Art Fair ist nicht so wie andere Messen.

Der in Spanien lebende kolumbianische Fotograf Willy Rojas hat mit seinen humorvollen Miniaturbildern, bei denen er mit Alltagsgegenständen, Lebensmitteln und Modellbahnfiguren scheinbar realistische Szenen darstellt, 2010 auf den AAFs in New York und London für Verzückung gesorgt.

Willy Rojas: Sunny Side Up. Photograph. Edition of 150, 40 x 60 cm.

Als der Wein- und Kunsthändler Will Ramsay seine Idee einer entspannten, anti-elitären und preiswerten Kunstmesse entwickelte, war er beileibe nicht der Erste, der auf den Gedanken kam, eine Messe im Niedrigpreissegment zu positionieren. Was die Affordable Art Fair von den anderen Versuchen unterscheidet, ist Ramsays erstklassiges Gespür dafür, wie man ein Event mit ganz besonderem Ambiente schafft. Hinzu kommt der starke Expansionsdrang der Kunstschau. Ramsays Konzept ist mittlerweile an weltweit zehn Standorten realisiert worden. Insgesamt zieht die Affordable Art Fair (AAF) doppelt so viele Menschen an wie die größten Premiummessen.

Zur ersten AAF 1999 im Londoner Battersea Park kamen bereits 10.000 Gäste. Die angebotene Kunst war durchgängig preiswert, wenn auch qualitativ sehr gemischt. Mit ihrem integrierten Café,

Viele Drucke wie die des Pop-Art-Pioniers David Spiller findet man auf der Affordable Art Fair – hier 2010 – bereits zu einem Preis von unter 1.000 Pfund.

David Spiller: Your Time Will Come. Silkscreen print. Edition of 50, 85 x 87 cm.

Links
Die Affordable Art Fair hat sich mittlerweile an zehn Standorten weltweit etabliert, unter anderem auch sehr erfolgreich in New York. Hier konnte man 2010 die atemberaubenden Enkaustik-Arbeiten auf japanischem Papier von Jeri Eisenberg sehen.

Jeri Eisenberg: Dogwood (Pink) No. 5. 2008. Ink & encaustic on Kozo Paper.

Bis heute ist auch das „Art Warehouse“ von Messegründer Will Ramsay in der Ausstellung vertreten, 2010 unter anderem mit den filigranen Bleistiftarbeiten des Briten Greg Eason.

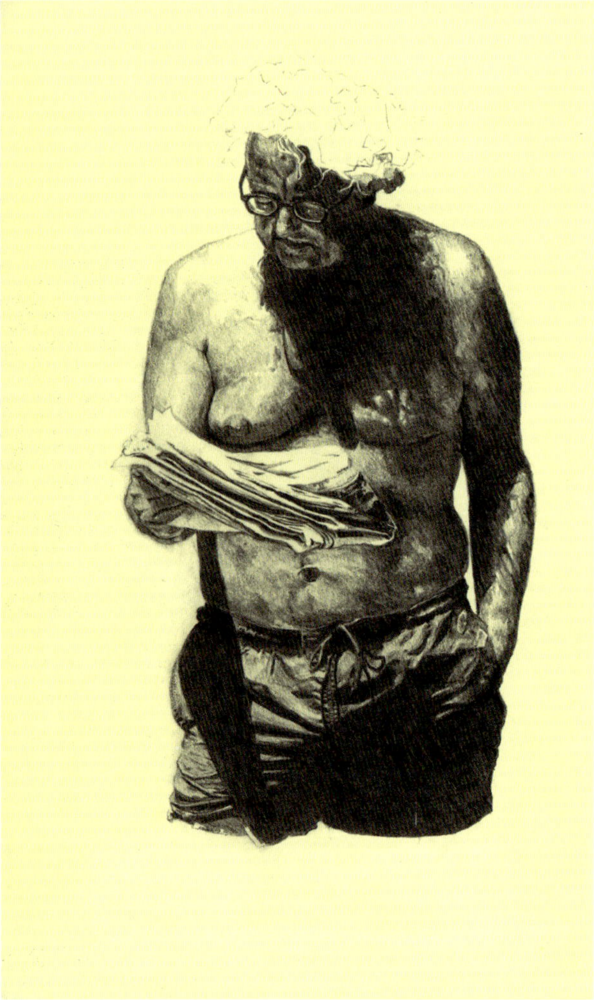

Greg Eason: Newspaper Man. Pencil on paper, 21 x 13 cm.

Kunstworkshops und Familienangeboten in der behaglichen Umgebung des Battersea Parks wurde die AAF jedoch schnell zur ersten Adresse für all jene, denen die großen Messen zu teuer und zu elitär sind. Mittlerweile findet die AAF in London jährlich an zwei Terminen statt – jeweils mit rund 23.000 Besuchern. Weltweit sind neun weitere Veranstaltungsorte hinzugekommen. Bei einem durchschnittlichen Verkaufspreis von gerade einmal 700 Pfund pro Arbeit erzielt die Affordable Art Fair einen Umsatz von über 100 Millionen Pfund – und übertrumpft damit einige der international führenden Messen.

An Standorten wie Bristol geht es bisweilen sehr lokal zu. Galerien aus der Region dominieren und werden durch einige Londoner Galerien ergänzt. Ausländische Kunsthändler sind praktisch nicht vertreten. In Sydney und Melbourne ist das Bild ähnlich. Das schlägt sich manchmal deutlich in der Qualität der Messe nieder, die entsprechend nur lokales Niveau erreicht. In London, Paris, Brüssel oder New York hingegen geht es internationaler zu, bisweilen sogar mit der einen oder anderen Galerie, die man auch schon einmal auf einer Premium-Messe gesehen hat.

Die AAF setzt auf Gäste, die bislang noch nie Kunst gesammelt haben. Leider macht sie es ihnen dabei recht schwer, unter zahlreichen Schnäppchen die künstlerischen Perlen zu finden. Zu sehr dominiert die Kategorie „Dekoratives“ und leider bisweilen auch die Kategorie „Scheußliches“, dargeboten mit Preisschildern à la Sommerschlussverkauf. Gemälde von Meeren und Sonnenuntergängen, Fotografien von Pop- und Rockstars, Mondrian- und Koons-Plagiate sieht man hier allerorten. Hier und da sind eben aber auch die besagten Perlen zu finden. Und in der Tat: Einige der unbekannten Namen, die hier ihren ersten Messeauftritt hatten, gelangten zu internationaler Anerkennung, so wie Damien Roach, der 2003, frisch von der Kunsthochschule, auf der AAF als Neuling ausstellte. Wenige Jahre später konnte man Roach bereits auf der Biennale von Venedig und in der Tate Britain sehen.

Die Affordable Art Fair in London ist mit ihrem Frühjahrs- und Herbsttermin ein Highlight der weltweit stattfindenden Kunstschau. Die Stimmung ist entspannt und familiär, wie hier 2008.

Stadt	London Weitere Messen in Amsterdam, Bristol, Brüssel, Melbourne, Mailand, New York, Paris, Singapur, Sydney.
Veranstaltungsort	Battersea Park
Datum	London: Mitte März und Mitte Oktober Andere Standorte: Singapur: Februar Mailand: Februar Brüssel: Ende Februar Melbourne: April New York: Anfang Mai und Ende September/Anfang Oktober Bristol: Mai Paris: Ende Mai Amsterdam: Ende Oktober Sydney: November
Gegründet	1999 (London)
Schwerpunkte	Ausschließlich Kunst von lebenden Künstlern zu einem Preis von maximal 5.000 Euro.
Galerien	London: 120 An den anderen Standorten jeweils zwischen 50 und 100.
Besucher	London: 23.000 An allen Standorten insgesamt ca. 100.000.
Rahmenprogramm	Educational Program: Kostenlose Workshops für alle Altersgruppen. Kids Activity Packages: Freizeitprogramm für junge Messebesucher. Recent Graduates (Amsterdam): Sonderausstellung mit ausgewählten Arbeiten von Kunsthochschulabsolventen. Art and all that Jazz (Bristol): Jazzmusik an einem Messenachmittag (Kinder können zeitgleich an einem Workshop teilnehmen).
Leiter	Nicky Wheeler
Internet	www.affordableartfair.com

ART DUBAI

„Alle Männer raus", schallt es am frühen Nachmittag durch die Gänge. Einige Galeristen stehen zunächst etwas unschlüssig in ihren Kojen. Dann wird ihnen beschieden, dass auch sie gehen müssen. Es ist Frauennachmittag, nur eine der Besonderheiten, an die sich Sammler und Galeristen gewöhnen müssen, wenn sie sich auf das Abenteuer Art Dubai einlassen. Auf dieser Messe ist vieles anders: Ihre Location ist ein Hotel von disneyesker Prunkhaftigkeit. Direkt vor dem Haus: ein Badestrand. Eine Vernissage unter freiem Himmel, die direkt aus Tausendundeiner Nacht stammen könnte. Scheichs, die durch die Messe schreiten und mit kurzen Fingerzeigen ihren Mitarbeitern bedeuten, welche Werke auf die Einkaufsliste sollen. Verschleierte Frauen, die vor Werken verharren – von denen sich viele erfrischend offen mit den gesellschaftlichen Verhältnissen in der arabischen Welt auseinandersetzen.

In Dubai ist Vieles noch Neuland. Das Kulturleben entwickelt sich gerade erst, maßgeblich top-down geplant. Es gibt noch wenig Nährboden. Und auch die Sammlerszene funktioniert anders als an den etablierten Messestandorten: Kultur in Dubai ist eine Investition. Niemand kauft, ohne über den Return of Investment nachzudenken. Eine denkbar schwierige Aufgabe ist das in einer Zeit, in der die globale Konkurrenz im Messekalender zunimmt und die Kauffreude der Sammler – gerade jener in Dubai! – stagniert.

Links
Die Koje der Pariser La B.A.N.K. Galerie mit den „Palestinauts" von Larissa Sansour, 2010. Die Künstlerin setzt sich in verschiedenen Arbeiten mit einer fiktiven palästinensischen Raummission auseinander – die kleinen Astronautenfiguren fanden reißenden Absatz. Im Hintergrund Werke von Zoulika Boudabellah.

Larissa Sansour: A Space Exodus, Palestinauts. 2009. Plastic sculptures, dimensions variable.

Oben
Eröffnungsabend der Art Dubai 2009: Eine Vernissage im Stil von Tausendundeiner Nacht unter Palmen. Das bietet – vielleicht außer Miami Beach – keine andere Messe.

Einer der absoluten Favoriten von Feuilleton und Besuchern war 2010 El Anatsuis „In the World But Don't Know the World“. Das opulente, zehn Meter breite Werk war bei der October Gallery für eine siebenstellige Summe zu haben.

El Anatsui: In the World But Don't Know the World. 2009. Aluminium and copper wire, ca. 6 x 10 m.

Terra Incognita mit eigenen Gesetzen

Für alle Beteiligten steht Vieles auf dem Spiel: Gerade einmal rund 70 Galerien gehen nach Dubai – diese werden aber auch aus über 400 Bewerbungen herausgepickt! Das Ergebnis ist eine beachtliche Melange von regional und international anerkannten Namen aus gut 30 Ländern. Für sie ist Dubai nach wie vor eine attraktive Terra Incognita – mit eigenen Spielregeln: Vorrangig müssen sich die Galerien eingestehen, dass der durchschnittliche Art Dubai-Besucher überproportional zahlungskräftig, aber auch deutlich weniger kunstverständig ist als es die Galerien aus Basel, London oder Paris kennen.

Die Art Dubai als Kunstshopping-Event? Mittlerweile hat sich dieses Image ein wenig gewandelt. Das hat unter anderem damit zu tun, dass es der Messe gelungen ist, auch unter den Sammlern internationaler zu werden: Man ist nicht mehr abhängig von der schmalen Basis lokaler Sammler, sondern streckt die Fühler in den gesamten Mittleren Osten, nach Indien, in die Ukraine und nach Europa aus.

Trotz der breiten, finanzstarken Sammlerschicht, die auf der Art Dubai angesprochen wird, bewegen sich die Topverkäufe meistens in einem moderaten sechsstelligen Rahmen. 2010 lag im Bereich der zeitgenössischen Kunst Ghada Amers „Snow White without the Dwarves" mit 160.000 US-Dollar bei der Istanbuler Galerie Dirimart an der Spitze. Caprice Horn konnte sogar den Scheich von Dubai höchstpersönlich auf die Kundenliste setzen: Dieser erwarb Abdulnasser Gharems „Men at Work" für 50.000 US-Dollar. Selbst in Zeiten der größten wirtschaftlichen Bedrängnis ging noch etwas in Dubai: So verkaufte Michael Schultz aus Berlin 2008 ein Fiberglasauto von Ma Jun für 116.000 US-Dollar.

Ein unumstrittenes Highlight der vergangenen Jahre war die gigantische Skulptur „In the World But Don't Know the World" des Ghanaesen El Anatsui, die sich wie ein kaleidoskopischer Mosaikvorhang aus Altmetallteilen über zehn Meter Breite und fünfeinhalb Meter Höhe erstreckt. Die Londoner October Gallery zog hier eines der wenigen siebenstelligen Preisschilder der Messe.

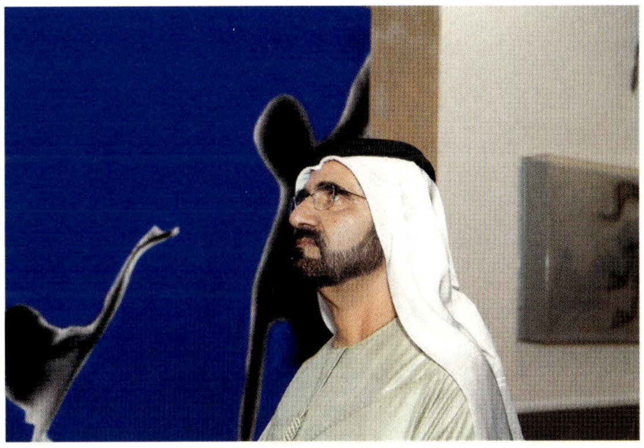

S.H. Mohammed bin Rashid Al Maktoum auf der Art Dubai (Courtesy Art Dubai 2008).

Das eigene Profil gefunden

Die Art Dubai hat sich nach und nach ein eigenes Profil zugelegt. Sie ist kein wahllos scheinendes Sammelsurium westlicher Galerien, sondern hat sich als vielleicht wichtigste Plattform für die Kunst aus dem Nahen und dem Mittleren Osten etabliert.

Hier kommt das Publikum hautnah an eine Kunstszene heran, die auf den meisten anderen Messen nicht präsent ist. So wie die Videoarbeit der Irakerin Sama Alshaibi, die den Irak ohne jegliches Hab und Gut verlassen musste und nun zeigt, wie sie ihre Fußspuren in der Wüste hinter sich mit einem Besen auslischt und dabei immer neue Spuren produziert. Oder Larissa Sansour, die bei der Pariser Galerie La B.A.N.K. Artefakte eines fiktiven palästinensischen Raumfahrtprogramms präsentiert – und dabei zahllose kleine Astronautenfiguren auf den Boden der Koje stellt.

Begrenzte Freiheiten

In Dubai findet man Werke vieler Künstler aus Saudi-Arabien und aus dem Iran, die sich unter den politischen Restriktionen in ihren Heimatländern nur bedingt öffentlich präsentieren können.

Stadt	Dubai
Veranstaltungsort	Madinat Jumeirah
Datum	Mitte März
Gegründet	2007
Schwerpunkte	Internationale Moderne und zeitgenössische Kunst.
Galerien	72
Besucher	18.000
Rahmenprogramm	Global Art Forum: Diskussionsrunden, Workshops und Vorträge, die den Dialog zwischen der arabischen und der internationalen Kunstszene anstoßen sollen. Das Programm startet in einer anderen Stadt der Region und wird zur Messe in Dubai fortgesetzt. Art Park Talks: Filmvorführungen, Spezialprojekte und öffentliche Gespräche im ehemaligen Parkhaus unter den Galerien im Madinat Jumeirah. Abraaj Capital Art Prize: Jährlicher Kunstpreis für Künstler aus dem Mittleren Osten, Nordafrika und Südasien. Der Abraaj Capital Art Prize ist der mit einer Million US-Dollar der höchstdotierte Kunstpreis der Welt. Start: Das Non-Profit-Projekt Start befindet sich in der jordanischen Hauptstadt Amman und bringt Artists in Residence mit Kindern und Jugendlichen in Workshops zusammen. Das Start-Team und eingeladene Künstler arbeiten auf dem Start-Pavillon der Art Dubai mit den jungen Besuchern an Foto-, Graffiti-, Design- und Großbildprojekten.
Leiter	Benedict Floyd
Internet	www.artdubai.ae

Absolute Freiheit finden sie allerdings auch in Dubai nicht. Nacktheit und politische Statements sind unerwünscht, obwohl sich die Galerien bei näherem Hinsehen immer wieder an politische Themen herantrauen. Dies vollzieht sich in eben jenem Ausweichen in Subtilität und Allegorien, das überall dort zu beobachten ist, wo sich Kunst ungeachtet bestehender Verbote ihren Weg bahnt. So präsentierte der Iraner Behdad Lahooti 2010 eine Toilette, die stark an Duchamps Urinal erinnert, allerdings zusätzlich mit Konjugationen des Verbs „Frei sein" auf Farsi versehen ist. Geradezu delikat an einem Ort wie Dubai ist Alfredo Jaars Kapitalismuskritik „September 15", präsentiert von der Pariser Galerie Kamel Mennour: Ein brauner Umschlag, der dazu auffordert, das in ihm befindliche Bild von Karl Marx' Grab jeweils nur am 15. September, dem Tag des Zusammenbruchs von Lehman Brothers, zu entnehmen und anzuschauen.

Weniger gut erging es dem Iraner Ramin Haerizadeh, der sich im Tschador neben Schah Reza Pahlavi inszenierte. Seine Werke wurden von der Messe entfernt, die Abbildungen in der Messezeitung überklebt. An Beispielen wie diesen zeigt sich, dass künstlerische Restriktionen nicht nur pro forma ausgesprochen, sondern auch überwacht werden – nach teils recht willkürlichen Maßstäben.

Dies sind ärgerliche Fußnoten einer Messe, die immer noch viel Raum für kritische Kunst bietet. Mit dem gestärkten regionalen Konzept gibt es genügend politischen und gesellschaftlichen Stoff, den die Messe auch in den kommenden Jahren noch wird abarbeiten können. Damit hat die Art Dubai schon längst begonnen, sich klammheimlich von dem ihr noch anhaftenden Plastikimage zu verabschieden.

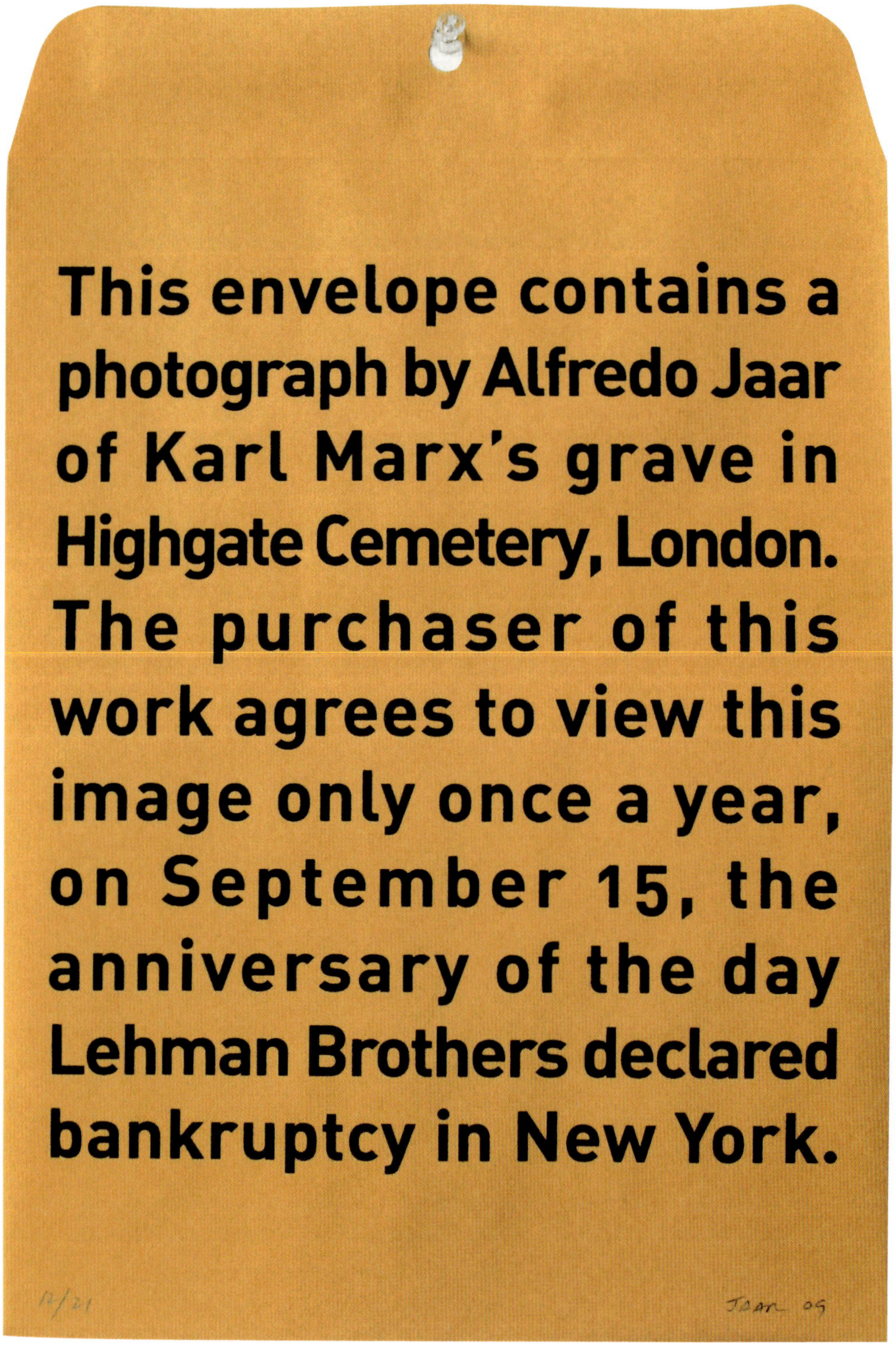

Kapitalismuskritik in der Hochburg des Kapitalismus: Alfredo Jaars geheimnisvolle Arbeit „September 15", zu sehen auf der Art Dubai 2010, fordert den Eigentümer der Arbeit auf, das im Kuvert befindliche Bild von Karl Marx' Grabstätte lediglich am Jahrestag der Lehman Brothers-Pleite zu betrachten.

September 15. 2009.
Digital ink jet print in clasp envelope.
Print: ca. 22 x 28 cm,
Envelope: ca. 23 x 31 cm.

Rechts
Im Art Park der Art Dubai, hier 2009, findet man beeindruckende skulpturelle Arbeiten wie den gotischen Zementlaster des Belgiers Wim Delvoye.

Wim Delvoye:
Cement Truck. 2008.
370 x 250 x 912 cm.

ARTPARIS

Durch das hoch gewölbte Glasdach des Grand Palais flutet das Licht in eine der schönsten Ausstellungshallen der internationalen Messeszene. Soeben hat man in einem leopardenfell-gemusterten Lounge Chair Platz genommen und lässt den Blick durch die Wohnung eines Kunstsammlers schweifen. Der Tisch ist bereits gedeckt, und der Hund des Hauses schaut erwartungsvoll in die Augen des Betrachters. Wer die ArtParis+Guests besucht, muss sich darauf gefasst machen, klassische Denkmuster aufzugeben. Das fordert Besucher und Galeristen gleichermaßen heraus. Und es bringt viel, sehr viel Spaß!

Traditionell war die ArtParis die eher unspektakuläre Nummer zwei vor Ort – in den Schatten gestellt von der alles überstrahlenden FIAC. Solange beide Messen den Herbsttermin miteinander teilten, äußerte sich das in einem zeitweiligen, inakzeptablen Qualitätsgefälle auf der ArtParis. Nach dem Wechsel auf einen Termin im Frühjahr und dem Umzug in das nach Jahren des Stillstands neu renovierte Grand Palais sah es zunächst nach einem Neustart für die ArtParis aus. Die führenden lokalen Galerien konnten zumindest teilweise davon überzeugt werden, dass sich ein Engagement auf beiden Messen lohnt. Und die neue Location schuf ein schlicht atemberaubendes Umfeld für die Messe, die sich zumindest in diesem Punkt vom etwas sterilen Peripherie-Charme der FIAC abhob.

Das „Collector's Apartment" auf der ArtParis+Guests 2010 mit dem „Mexican Table" vom Atelier Van Lieshout präsentiert eine komplette fiktive Sammlerwohnung mit Kunst, Design und Haustier.

Links
Jean-François Fourtou spielt immer wieder auf kindliche Weise mit dem Referenzrahmen der menschlichen Wahrnehmung. Dies äußert sich in Bildwelten, in denen die Proportionen aus den Fugen geraten, wo mal riesige, mal winzige Menschen durch ihre ansonsten alltäglich wirkende Welt schreiten. Auf der ArtParis 2010 lässt er die Ausstellungsräume von Affen bevölkern oder eine lebensgroße Giraffe ihren Weg durch die schmalen Gänge der Galerie suchen.

Jean-François Fourtou: Sans titre (Orang-outang). 2003. Metal, wire, paper, resin, hemp, 85 x 85 x 70 cm.

Die indonesische Plattform bei der ArtParis+Guests 2010 sorgte für große Aufmerksamkeit. Im Vordergrund „Democracy" von Pintor Sirait, eine Skulptur in Form eines Formel-1-Boliden, versehen mit 2.500 Schusslöchern.

Pintor Sirait: Democracy Kills. 2009. Stainless steel and 2,500 gun shots from a colt 38', 346 x 157 x 100 cm.

Mit der Finanzkrise und dem Umzug der FIAC in die Innenstadt schien die Puste wieder aus zu sein. Der Versuch, mit einem Ableger in Abu Dhabi die internationale Rolle der ArtParis zu stärken, schlug fehl. Die Pariser Kunstschau drohte ein weiteres Mal, als Salon der Refüsierten zu enden. Das soll sich nun ändern. Mit dem 2009 eingesetzten Direktor und Kunstmessen-Vordenker Lorenzo Rudolf soll die klassische Verkaufsschau durch eine Vernetzung verschiedenster Disziplinen aufgebrochen werden. Die ArtParis plant nicht den

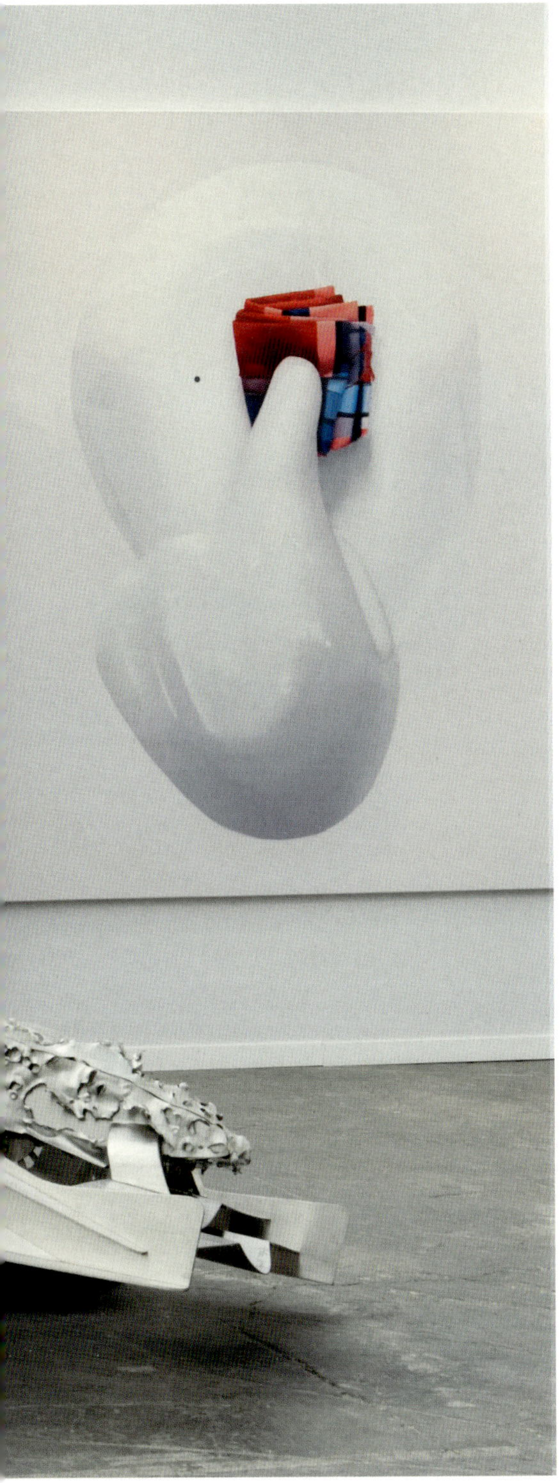

Angriff auf die FIAC, sondern ist auf dem Wege, mit ihrem neuen und frischen Format einen ganz eigenen Platz im Messezirkus zu besetzen.

ArtParis+Guests heißt sie denn auch neuerdings, und hinter dem angefügten „+Guests" steckt der Gedanke einer „horizontalen Integration". Galerien sollen über den Tellerrand schauen und Gäste aus anderen Disziplinen mit an ihre Stände holen: Tanz, Theater, Film, Architektur, Design, Mode, Literatur, Wissenschaft.

Rudolf, von dem diese Idee stammt, führte die Art Basel erfolgreich durch die Neunzigerjahre. Er war an der Konzeption der Art Basel Miami Beach beteiligt und baute die ShContemporary auf. Nun fängt er wieder neu an bei einer Messe, die bislang kaum auf der Rechnung der internationalen Sammler stand. Sein Rezept: Denkmuster aufbrechen und die Kunst in Bezug zu anderen Bereichen des Lebens, Denkens und Wirkens stellen. „Die Kunst arbeitet ja schon heute nach dieser Logik", begründet Rudolf diesen Schritt. „Künstler wie Olafur Eliasson führen Unternehmen, in denen auch Wissenschaft und Industrial Design betrieben wird." Auf den Messen bleiben diese Querverbindungen häufig unreflektiert, nicht selten mit den Galerien als größtem strukturkonservativen Faktor.

Kunst als Architektur – Kunst als Bühnenspiel

Insgesamt 30 der 117 Galerien nahmen die Idee auf und präsentierten sich 2010 mit einem Gast, bisweilen mit herausragenden Resultaten: So setzte der Pariser Gallerist Jean Brolly modernen Werken wie François Morellets Eisenbeton-Skulpturen architektonische Modelle von Jean de Gastines entgegen. Die Galerie Olivier Waltman stellte die traditionelle Logik der Messe-Verkaufsfläche auf den Kopf und ließ die Werke des Fotografen Jean-Pierre Attal, des Bildhauers Jorge Enrique und des Malers Jérôme Lagarrigue in einer Szenerie des Bühnenbild-Designers Richard Peduzzi inszenieren.

Diesen Achtungserfolgen zum Trotz: Die verbliebenen knapp 90 Galerien holten niemanden von außen zu sich. Einige der 30 Gastauftritte waren eher mäßig gelungen – insbesondere solche, bei denen Galerien Ausstellungsstücke aus Museen oder aus privaten Sammlungen an ihre Stände holten und etwas unmotiviert in die zum Verkauf stehenden Werke einstreuten. Das Konzept, so einige Kritiker, überfordere offensichtlich einige Aussteller. Lorenzo Rudolf lässt diesen Einwand nicht gelten: „Niemand kann erwarten, dass sich eine neue Denkweise in nur einem Jahr einstellt." Er hält am Konzept fest und lässt es gedeihen. Im Falle des Falles auch bereit, Galerien auf diesem Weg an die Hand zu nehmen.

Die Galerie Olivier Waltman setzte 2010 die Idee der horizontalen Integration um und ließ Bühnenbildner Richard Peduzzi eine einmalige Szenerie für die ausgestellten Werke schaffen, hierunter Jean-Pierre Attals „Passerelle I", das wiederum die Bühnen- und Choreografie-Thematik aufgreift.

Jean-Pierre Attal: Passerelle I. 2009. Lambda print photograph, 125 x 180 cm.

Plattformen statt Kojen

Auf insgesamt sieben sogenannten „Plattformen", die sich über die Messe verteilen, bricht die Messe das klassische Kojenmuster. Hier präsentieren mehrere Galerien, teilweise auch Sammler und Museen, gemeinsam einen geografischen oder thematischen Schwerpunkt.

Eine indonesische Ausstellung, gestemmt vom indonesischen Sammler Deddy Kusuma, zeigte einen bemerkenswerten Querschnitt durch die einheimische Kunstszene, die in Ermangelung einer Infrastruktur an Museen und anderen Kultureinrichtungen bislang weitgehend unbekannt ist. Herausragend war hier Pintor Siraits Skulptur „Democracy Kills", ein mit 2.500 Schüssen durchlöcherter Formel-1-Bolide, im Angebot für rund 100.000 Euro.

Auch in höchsten Tönen vom Feuilleton gelobt: die knallgelbe Präsentation schwarzafrikanischer Kunst, kuratiert vom Afrika-Experten André Magnin. Bei einer finnischen Plattform einigten sich acht Galerien aus Finnland auf eine gemeinsame Präsentation, die tatsächlich wie aus einem Guss wirkte: So geht's also auch!

Die thematischen Zugänge wirken bisweilen schwerer zugänglich. Da kommt eine dieser Querschnittspräsenzen unter dem harmlosen und etwas beliebigen Titel „Visions" daher, offenbart sich aber schnell als „Kuriositätenkabinett" – so die eigene Formulierung der Messe – aus den Beständen junger, experimentierender Galerien. Eine andere Themengruppe setzt sich mit Utopien und Dystopien in der Kunst auseinander.

Das „Collector's Apartment" fasziniert viele Besucher. Hier haben sieben Galerien eine fiktive Sammlerwohnung eingerichtet – komplett mit Wohn- und Schlafzimmer, Toilette und eigenem Hund. So wohnt er also, der ambitionierte Connaisseur: Mit Kunst, Gebrauchskunst und Design, die optimal aufeinander abgestimmt und nicht lebensfern sind. Im Fall des „Mexican Table" aus dem Atelier Van Lieshout, der den optischen Mittelpunkt des Appartements darstellt, wird deutlich, wie überflüssig herkömmliche Kategorisierungen sind: Ist dies Kunst oder Design, Skulptur oder Möbelstück?

Die ArtParis+Guests steht am Anfang einer Metamorphose. Der erste Augenschein: hochinteressant, aber teilweise – konzeptionell wie qualitativ – noch nicht sehr einheitlich. Zu wünschen ist, dass Lorenzo Rudolf dieses Konzept mit der von ihm angekündigten Politik der ruhigen Hand wird weiterverfolgen können. Gelingt dies, können sich alle darauf freuen, was dieses Labor für die Messe der Zukunft noch hervorbringen wird.

Stadt	Paris
Veranstaltungsort	Grand Palais
Datum	Mitte/Ende März
Gegründet	2000
Schwerpunkte	Moderne und zeitgenössische französische und internationale Kunst mit Querbezügen zu anderen künstlerischen und nicht-künstlerischen Disziplinen.
Galerien	114
Besucher	47.000
Rahmenprogramm	Kuratierte Länder- und Regionalschauen. Collector's Apartment: Imaginäre Wohnung eines anspruchsvollen Sammlers. Visions: Kuratiertes „Kuriositätenkabinett" mit jungen europäischen Galerien über Künstler als Visionäre. Utopia-Dystopia: Sonderschau zu utopischen Positionen in der zeitgenössischen Kunst. ArtParis+Nuits: Abendprogramme nach Schließung der Messe. Kulinarische Erlebnisse, Musik und Socialising auf dem Mezzanin des Grand Palais.
Leiter	Lorenzo Rudolf
Internet	www.artparis.fr

TEFAF

Wenn es einen Grund dafür gibt, in einem Buch über zeitgenössische Kunstmessen ein Kapitel über eine Messe einzufügen, die sich ursprünglich allein auf Antiquitäten und Alte Kunst konzentrierte, dann jener: Die Tefaf in Maastricht ist der weltweit wichtigste Handelsplatz für Alte und Moderne Kunst. In ihrer Abteilung für Moderne und zeitgenössische Kunst tummeln sich herausragende Namen. Neue Trends zu setzen ist weder das Ziel noch die Stärke der Tefaf. Dafür kann sie als die Messe gelten, auf der zeitgenössische Künstler durch Top-Verkäufe in den Kunstkanon der „Klassiker von Morgen" erhoben werden.

Die Tefaf ist die Messe für das distinguierte und zahlungskräftige Publikum in der Altersgruppe „40 plus". Weit über 150 Privatjets landen jeden März unweit des Maastrichter Ausstellungszentrums und bringen Sammler aus aller Welt in die sonst so beschauliche Stadt. Aber auch die Kuratoren großer Museen lassen sich auf der Tefaf blicken, denn nirgendwo sonst ist die Dichte an Werken mit Museumspotenzial so groß wie hier.

Ein Museum, in dem man alles kaufen kann

Seriös und distinguiert ist also angesagt, obwohl dem Besucher auch auf der Tefaf eine gewisse Effekthascherei begegnet – nur dass sie sich auf andere Art und Weise äußert als anderswo. Der von Tom Postma und David Bentheim gestaltete Ausstellungsbereich ist edel ausgestattet. Bereits im Eingangsbereich geht man zwischen farbig erleuchteten Wänden hindurch, ein in postmoderner Pracht verzierter Gang führt zu den Verkaufsflächen. Überall Blumenschmuck mit Tulpensäulen und von Decken hängende Amaryllen. Wer sich zwischen den Ständen bewegt, wird durch die dezente Farbwahl und die Hochwertigkeit der Messearchitektur beeindruckt. Schmucklose Kojen mit wackeligen Rigipswänden wird man hier vergeblich suchen. Kein Wunder, dass die Tefaf daher – mittlerweile ermüdend oft – als „Museum, in dem man alles kaufen kann" bezeichnet wird.

So viele Kunstwerke mit siebenstelligen Verkaufspreisen – auch im zeitgenössischen Bereich – findet man kaum anderswo. In Maastricht sind sie Standard. Insgesamt werden hier Kunst und Antiquitäten im Wert von mehr als einer Milliarde Euro angeboten. Wie zu erwarten, ist die Warteschlange unter den Galerien

Links
Ritsue Mishimas Glasarbeiten bei der Brüsseler Galerie Pierre Marie Giraud, hier 2010, sind kräftig und zart zugleich. Mit ihrer breiten thematischen Aufstellung ist die Tefaf zur Topadresse für hochwertige Arbeiten im Grenzbereich zwischen Kunst und Kunsthandwerk geworden.

Ritsue Mishima: Spin. 2010. Glass, ca. 54 x 40 x 40 cm, unique piece.

Oben
Auf der Tefaf ist die Stimmung zurückhaltend und das Angebot hochwertig. Die Eleganz des Messedesigns spiegelt sich bei den Besuchern wider, wie hier 2009.

In der Modern Section der Tefaf, hier 2009, ist der Blumenschmuck omnipräsent. In den vergangenen Jahren hat sich die Messe in den zeitgenössischen Positionen verstärkt. Dennoch liegt ihre Stärke weiterhin in der Moderne – und natürlich ganz besonders in der Alten Kunst.

entsprechend lang. Schon immer hat sich das Ausstellerkarussell in Maastricht langsamer gedreht als anderswo. Weniger als zehn Prozent jährlich sind Neu- oder Wiedereinsteiger.

Die Teilnahme an der Tefaf ist Garant für das Ansehen und den Umsatz einer Galerie. Wer in Maastricht ausstellt, zeigt, dass er zum Kreis der Großen gehört. Die Messe erwartet von den Ausstellern aber auch hohe Qualität. In der Abteilung für Moderne und zeitgenössische Kunst gibt es deswegen kaum Experimente: Man zeigt vor allem teure Werke etablierter Künstler.

Langweilig soll es in Maastricht dennoch nicht werden. Die Tefaf versucht, durch eine stetige Ausweitung der Themenpalette immer wieder neue Impulse in die Messe zu bringen, wie zuletzt mit einer neuen „Works on Paper"-Sektion. Mit dem Showcase-Pavillon bietet man auch jüngeren Galerien eine Chance, die jeweils einmalig diese Plattform zur Präsentation auf der Tefaf nutzen können. Immerhin werden die äußeren Mauern dieses „geschlossenen Vereins" so ein wenig aufgebrochen.

Damien Hirst ist auf fast allen Messen für Höchstpreise gut. Dennoch schauten Fachmedien und Tagespresse 2010 gleichermaßen aufmerksam auf die Tefaf, als Haunch of Venison Hirsts Schweinehälften für sagenhafte zwölf Millionen US-Dollar anbot.

Damien Hirst: This Little Piggy Went to Market, This Little Piggy Stayed at Home. 1996. Steel, GRP composites, glass, pig, formaldehyde solution and electric motor. 120 x 210 x 60 cm.

Die Londoner Galerie Michael Goedhuis präsentierte Literaturnobelpreisträger Gao Xingjian als hervorragenden bildenden Künstler. Gaos melancholisches Werk „La Mémoire lointaine" war 2009 ein besonderes Highlight auf der Tefaf.

Gao Xingjian: La Mémoire lointaine. 2009. Ink on paper, 145 x 144 cm.

Höchstpreise für „kanonische" zeitgenössische Künstler

Die Galerie Haunch of Venison sicherte sich 2010 mit der Präsentation von Damien Hirsts in Formaldehyd getauchte Schweinehälften „This Little Piggy Went to Market. This Little Piggy Stayed at Home" breite Medienaufmerksamkeit vom intellektuellen Feuilleton bis hin zum Boulevard. Der Preis tat ein Übriges zum Medienecho: Haunch of Venison bot das Werk für sage und schreibe zwölf Millionen US-Dollar an. Verkauft wurde es nicht.

Aber auch andere zeitgenössische Künstler werden in Maastricht zu Spitzenpreisen angeboten: Ein abstraktes Gemälde Gerhard Richters wurde 2010 von Schönewald Fine Arts zu fast demselben Preis angeboten wie Botticellis „Madonna mit Kind und dem Johannesknaben" einige Stände weiter bei Dickinson – fast zehn Millionen Euro.

Geradezu kurios mag es anmuten, wenn Werke Lucio Fontanas, jenes Avantgarde-Rebellen des 20. Jahrhunderts, der einst Leinwände mit Messern zerschlitzte, nun selbst zu einem Preis von bis zu drei Millionen US-Dollar verkauft werden. Was Fontana dazu wohl gesagt hätte?

Sichere Werte für Investoren und Langfinger

Ein Wechsel in die Käuferperspektive zeigt, warum es für Premiumsammler so attraktiv ist, hierher zu kommen: Die Tefaf ist die Messe der sicheren Werte. Als die Finanzkrise ausbrach, hielt der Kunstmarkt die Luft an. Zahlreiche Messen verzeichneten starke Umsatzeinbrüche. Erstaunlicherweise ging die Tefaf weitgehend unbeschadet durch diese Krise. Vor allem galt dies allerdings für die Alte Kunst und die Antiquitäten – die zeitgenössische Kunst und die Moderne nach 1945 ließen auch in Maastricht Federn.

Gut Ding will Weile haben: Sechs bis acht Stunden verbringen die Besucher durchschnittlich auf der Kunstschau. Das ist zwei- bis dreimal so lang, wie Kunstinteressierte auf anderen Messen bleiben. Keine Anzeichen von Hektik sind in Maastricht auszumachen. Man schreitet durch die Gänge. Hier und da werden Lupen herausgeholt und Details ergründet. Notizen werden gemacht, Kaufentscheidungen abgewogen. Aber die Abschlüsse haben es dann in sich.

Auch Diebe schätzen das hohe Niveau der angebotenen Werke: 2008 war es auf der Tefaf zu Aufregung gekommen, als eine diamantbesetzte Halskette im Wert von 1,2 Millionen Euro verschwand. Nicht weiter verwunderlich, dass alle Anwesenden erstarrten, als kurz vor der Vernissage 2010 bei der Private Preview für einige Zeit das Licht in den Hallen der Tefaf komplett ausging. Alle verhielten sich ruhig, blieben stehen, wo sie waren, keine Panik brach aus – auch dies vielleicht so nur auf der Tefaf denkbar –, und als das Licht wieder anging, befand sich gottseidank noch alles am Platz. Dafür schlugen Diebe dann doch noch zu, kurz vor dem Ende der Messe, und ließen einen mit Diamanten und Saphiren besetzten Platinring und einen Diamantanhänger im Wert von 860.000 Euro verschwinden.

Stadt	Maastricht
Veranstaltungsort	Maastricht Exhibition & Congress Center (MECC)
Datum	März
Gegründet	1975 Gründung von The Pictura Fine Art Fair 1978 Gründung der Antiqua 1985 Fusion zur Antiquairs International & Pictura Fine Art Fair 1988 Umbenennung zu The European Fine Art Fair 1996 Umbenennung zu Tefaf Maastricht
Schwerpunkte	Internationale Antiquitäten und Alte Kunst. Seit 1991 mit eigener Abteilung für Moderne und zeitgenössische Kunst.
Galerien	263
Besucher	73.000
Rahmenprogramm	Tefaf Showcase: Junge Galerien erhalten die Möglichkeit zu einer einmaligen Präsentation auf der Tefaf. During Tefaf: Abendveranstaltungen mit Tanz, Jazz, klassischer Musik und Theater. Fine Art and Fair. Academic Reflections: Akademisches Vortragsprogramm über Kunst und den Kunstmarkt, anschließend gemeinsames Dinner mit dem Referenten. Dealer's Choice: Zweimal täglich werden Besucher zu Ausstellern geführt, die einzelne Arbeiten aus ihrer Koje vorstellen und darüber reden, warum sie Galeristen geworden sind.
Leiter	Ben Janssens
Internet	www.tefaf.com

MIART

Mit der MiArt entstand in den Neunzigerjahren eine Messe, die der Arte Fiera Bologna den Vorreiteranspruch in Italien streitig machen wollte. Weniger schräg und weniger mutig als die Arte Fiera, setzt die MiArt auf die Vorlieben des Publikums in der Finanz- und Handelsstadt – und dem exzellenten Galeriestandort – Mailand: Sie konzentriert sich auf etablierte, „sichere" Kunst und hat sich damit über viele Jahre als kommerziell sehr erfolgreiche Kunstschau positioniert. Mit der wachsenden Konkurrenz und der Krise am Finanzmarkt droht diese Stellung zu bröckeln. Nun erfindet sich die MiArt behutsam neu und setzt dabei auf einen alten und immer wieder neuen Wert: Qualität.

Vanessa Beecroft wurde 2009 dafür gewonnen, ihre Performance „VB65" in der Mailänder Innenstadt umzusetzen. Vieldiskutierter Höhepunkt war ein „Abendmahl" mit afrikanischen Immigranten.

Vanessa Beecroft: VB65.066. VB 65. 2009. PAC, Padiglione D'Arte, Milan.

Es scheint wie verhext: Mailand ist ein Zentrum des internationalen Kunstmarkts. Das Geld ist hier, die hochkarätigen Galerien sind hier, die Sammler auch, und doch gelingt es der Mailänder Messe nicht, daran anzuknüpfen. Die Ausstellung ist ökonomisch erfolgreich, aber bislang eine rein italienische Angelegenheit. 2009 kamen nur ganze zwölf der 135 Galerien nicht aus Italien. Dieser Anteil muss wachsen. Viel wichtiger, so der Messechef Alessandro Cappello, sei es aber, die absoluten Top-Namen aus Italien zu gewinnen und diese mit ausgewählten und renommierten internationalen Galerien zu ergänzen. Es darf also kleiner und qualitätsbewusster werden, was letztlich auch heißt, dass man erst einmal die absoluten Spitzen-Galerien aus der eigenen Stadt wieder auf die Messe holt. Zwischen 2008 und 2009 wurde die Anzahl der Galerien von 195 auf 140 drastisch zurückgefahren.
Enrico Pazzali, Vorstandsvorsitzender der Messegesellschaft Fiera Milano, sieht den Konsolidierungsprozess unter den nationalen Galerien sogar als vollendet an und will die Messe nun internationalisieren. Und hier scheint der große Knackpunkt zu liegen: Obwohl die Qualitätsdichte erhöht wurde, konnte ein Sogeffekt bei ausländischen Galerien bislang

Links
Margherita Moscardinis unbetiteltes Spiel mit der Illusion, das 2010 auf der MiArt gezeigt wurde, schafft einen eigenartigen Dialog zwischen Werk, Raum und Landschaft – und verbirgt letztlich die Grenzen zwischen diesen dreien.

Margherita Moscardini: Untitled. 2009. Block of sandstone, block of clay, soil, grass, bonsai oak tree, 150 cm neon tube, adjustable stool. Installation view, ambient size. Villa Medicea La Màgia, Quarrata.

nicht vermeldet werden. Auch der sehr erfolgreiche und viel gelobte China-Schwerpunkt 2006 konnte keine sichtbaren und dauerhaften Brücken ins Ausland schlagen.

Gino De Dominicis' Skelettskulptur vor dem Mailänder Dom löste 2007 heftige Diskussionen aus.

Gino De Dominicis: Calamita Cosmica (Cosmic Magnet). 1990. Polstyrene, resin, iron, vinyl, glue, dimensions variable.

Pinocchio-Skelett vor dem Dom

Das Bekenntnis zur Qualität weist zunächst zurück in die Vergangenheit. Mailand zeichnet sich seit jeher durch Kunst aus, die als sicheres Anlageobjekt taugt. Neues und Provokatives gab es selten – wenn nicht gerade, so wie 2007, eine 28 Meter lange Skelettskulptur mit Pinocchio-Nase direkt vor den Mailänder Dom gelegt wird und das lokale Bürgertum in helle Aufregung versetzt. Die Skulptur stammt von Gino De Dominicis, der zu diesem Zeitpunkt bereits acht Jahre tot war. Dies ist symptomatisch für die MiArt, wie man sie bisher kannte: Während andere Messen Plattformen für junge Künstler bieten und somit Einblick in neue Trends geben, hielt sich die MiArt bis vor Kurzem selbst bei der Provokation an das Etablierte.

Abendmahl mit Immigranten

Hier scheint Mailand langsam umzulernen: Was läge zum Beispiel näher, als Superstar Vanessa Beecroft, die selbst ihre Karriere in Mailand startete, für den Standort einzuspannen? Ihre Performance „VB65", die 2009 in Zusammenarbeit zwischen MiArt und der Stadt realisiert wurde, war ein großer Erfolg, gekrönt von einem „Letzten Abendmahl" mit legalen und illegalen afrikanischen Immigranten, die in feinem Zwirn Hühnchen mit den Händen aßen.

So frischt sich die MiArt Schritt für Schritt auf. Der Umzug in die hohe und helle Halle 4 hat der Messe gutgetan. Mit einem gediegenen dunkelgrauen Sichtbetonboden und vier Meter hohen Kojenwänden gibt sich die MiArt edler als viele ihrer Konkurrenten. Auch bei der Gestaltung des Messekatalogs setzt man auf Qualität und Originalität: Jede Galerie gestaltet ihren Auftritt in dem Buch individuell.

Die griechische Künstlerin Christina Dimitriadis hat in einer langen Reihe von Arbeiten das Verhältnis zwischen dem Ich und dem umgebenden Raum, menschliche Beziehungen und Familie bearbeitet. Das 2010 von der z2o Galleria gezeigte „Men & Women" ist eine betörend schöne und zugleich bedrückende Arbeit.

Christina Dimitriadis:
Men & Women. 2005.
Lambda print,
184 x 184 x 5 cm with
wooden frame. Ed 3/3 + 2 AP.

Stadt	Mailand
Veranstaltungsort	Fieramilanocity
Datum	März/April
Gegründet	1996
Schwerpunkte	Moderne und zeitgenössische italienische und internationale Kunst.
Galerien	141
Besucher	37.000
Rahmenprogramm	Miraggi: Platzierung zeitgenössischer Kunstobjekte in der mailändischen Innenstadt. Enjoy MiArt!: Zahlreiche Sonderschauen, Empfänge und Partys in den Mailänder Galerien und in Partnereinrichtungen. De Arte Disputatio: Dialoge, Konferenzen und Interviews in Kooperation mit der IULM University
Leiter	Alessandro Cappello
Internet	www.miart.it

ART FAIR TOKYO

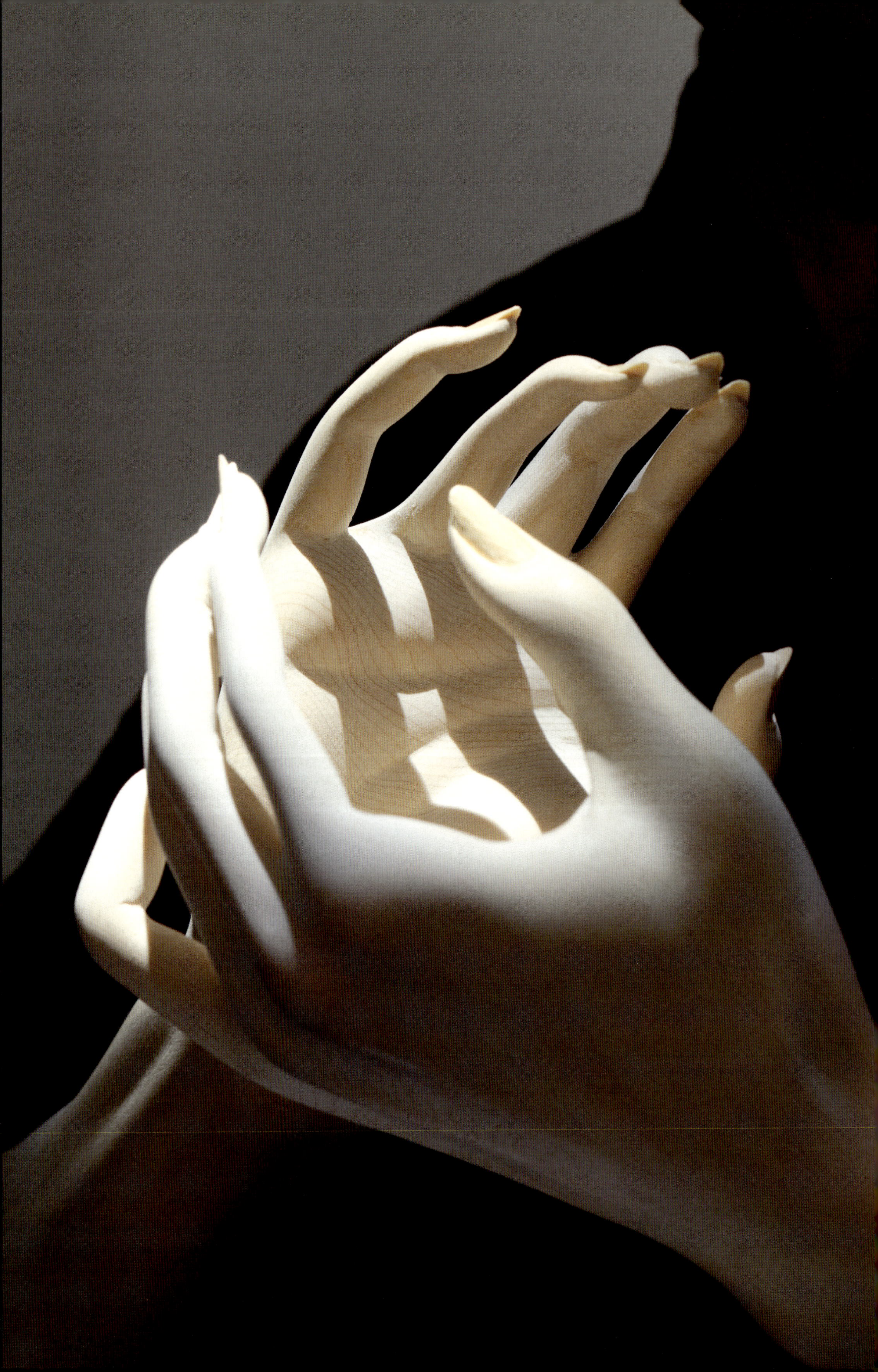

Nach dem Zusammenbruch der Kunstmesse Nicaf in den späten Neunzigerjahren war am japanischen Kunstmarkt ein Vakuum entstanden, das mit der Gründung der Art Fair Tokyo 2005 gefüllt werden sollte. In wenigen Jahren hat sich die Messe nicht nur als führender Kunsthandelsplatz in Japan etabliert, sondern auch ein breites kulturelles Begleitprogramm angezogen, das sich mittlerweile als „Tokyo Art Week" präsentiert.

2010 erregte die filigrane Skulptur „Yoga-Prana" von Ikki Miyake große Aufmerksamkeit. Das Werk wurde von der Galerie Yokoi Fine Art präsentiert.

Ikki Miyake: Yoga-Prana. 2010. Kiso-hinoki cypress, katsura, 81 x 72 x 48 cm.

Man mag glauben, so ein Kommentator der englischsprachigen Zeitung „Japan Times", die Messe leide an einer Persönlichkeitsstörung. Als Erstbesucher findet man hier ein Sammelsurium von altjapanischen buddhistischen Skulpturen und Holztäfel-Arbeiten über die Größen der westlichen Moderne bis hin zu zeitgenössischer Kunst. Der japanische Markt ist in diesem Bereich noch jung und vergleichsweise schmal. Das Publikum ist kunstinteressiert, erlebt neue Kunst aber vornehmlich in Museen. Private Käufer sind rar, investiert wird am ehesten in Solides, Handwerkliches, Altes. Das Wirtschaftsblatt „Business Week" schätzt das Volumen des japanischen Sammlermarktes auf rund ein Hundertstel des Marktes in New York oder London. Mit der Ausweitung auf die Alte Kunst hat sich die Messe daher ein wichtiges zweites, stärker etabliertes Standbein zugelegt.

„All diese Stile und Epochen unter einem Dach erzeugen natürlich Komplexität", so der 2010 ernannte Messechef Takahiro Kaneshima. „Genau das führt aber auch zur Einmaligkeit dieser Messe."

Neuer Schwerpunkt auf aktuelle Trends

Nicht wenige Stimmen wünschen sich ein eigenes zeitgenössisches Forum. Kurze Zeit schien die „101 Tokyo" den Platz einer experimentierenden, zeitgenössischen Nebenmesse einzunehmen – übrigens auf künstlerisch ansprechendem Niveau. Nachdem diese Messe nach nur zwei Jahren die Segel streichen musste, liegt es nun an der Art Fair Tokyo, den zeitgenössischen Bereich stärker zu pflegen.

Eine wichtige Rolle spielt dabei das Segment „Projects", wo sich Galerien, die seit weniger als fünf Jahren am Markt sind, mit zeitgenössischer Kunst präsentieren können. Hier sieht Kaneshima das künftige Herzstück der Messe: „Ich glaube an das große Potenzial von ‚Projects'. Ich hoffe, dass ‚Projects' der Ort sein wird, den die Menschen aufsuchen werden, um die jüngsten Trends in der zeitgenössischen asiatischen Kunstszene aufzuschnappen."

Anfänglich fristete die Sonderschau noch ein Schattendasein in einem etwas abgelegenen Gebäude, jetzt hat man sie in das schöne Foyer des Tokyo International Forums geholt. Heute stolpern die Messegäste praktisch zuerst in diesen innovativen Teil der Messe.

Ein besonderer Erfolg für die zeitgenössische Kunst auf der Art Fair Tokyo: Die Gallery Yamane konnte 2010 Yoshitomo Naras „Naughty Girl" für 650.000 Euro verkaufen. Erstmals war das Werk in einer Soloschau Naras in der Londoner Stephen Friedman Gallery gezeigt worden. Nara gehört zu den absoluten Rennern der japanischen zeitgenössischen Kunst. In den letzten Jahren konnte man ihn vielfach sehen: Unter anderem zeigte seine primäre Galerie Tomio Koyama ebenfalls 2010 auf der Art Fair Tokyo neueste Zeichnungen Naras.

Yoshitomo Nara: Naughty Girl. 2001. Acrylic on cotton, mounted on FRP, Diameter 180 cm, depth 26 cm.

Die Sammler verhalten sich jetzt anders. Lange Zeit wurden im zeitgenössischen Bereich durchschnittlich kleine vierstellige Summen erlöst. 2010 gab es einen besonderen Erfolg, als die Gallery Yamane Yoshitomo Naras „Naughty Girl" für beachtliche 650.000 Euro verkaufen konnte.

Internationalisierung gewünscht

In den nächsten Jahren muss sich die Messe international öffnen. Bislang kommen kaum 15 Prozent der Galerien aus dem Ausland, dabei benötigen sowohl die Galerien als auch die Sammler den intensiven internationalen Austausch, um die Kunstszene weiter voranzubringen.

Kaneshima hat diese Perspektive bereits fest im Auge. International ja, aber nicht beliebig: „Für mich steht fest, das zu etablieren, was einzig und allein in Tokio möglich ist. Eine Messe, die das Potenzial und die Kreativität Tokios kondensiert", so Kaneshima. „Ich bin fest überzeugt, dass die besondere Identität Tokios und dieser Messe Menschen aus aller Welt anziehen können." Das heißt konkret: Bis 2013 will die japanische Hauptstadt die Nummer eins am hart umkämpften asiatischen Markt sein. Und bis 2015 „eine unverzichtbare Messe für alle, die die zeitgenössische asiatische Kunst verstehen wollen." Für Kaneshima ist das Ziel erreicht, wenn in der Kunstwelt gesagt wird: „April ist die Zeit, in der man Kunst und die Kirschblüte in Tokio genießt."

Stadt	Tokio
Veranstaltungsort	Tokyo International Forum
Datum	Anfang April
Gegründet	2005
Schwerpunkte	Asiatische und internationale Alte, Moderne und zeitgenössische Kunst.
Galerien	138
Besucher	50.000
Rahmenprogramm	Projects: Sondermessebereich mit Galerien, die seit weniger als fünf Jahren am Markt sind.
	Dialogues in Art: Dialogreihe zu Kunsthemen.
	Spezialführungen: 2010 z. B. mit dem Comedian und Kunstsammler Kenta Oka.
Leiter	Takahiro Kaneshima
Internet	www.artfairtokyo.com

In ihren frühen Arbeiten entdeckte sie noch die Welt aus der Bodenperspektive. Nach und nach traut sich Sachigusa Yasuda auf ihrer Suche nach extremen Blickwinkeln in die Höhe. Die Serie „Flying", von der Base Gallery 2010 auf der Art Fair Tokyo präsentiert, zeigt Mega-Citys aus einer extremen Vogelperspektive.

Sachigusa Yasuda: Flying #28. Digital photograph, ca. 120 x 194 cm.

ZONA MACO MEXICO

Mexiko-Stadt ist ein Moloch. Sammler fühlen sich hier nicht natürlich hingezogen, wie nach London oder New York. Die Rauheit der Mega-City hat aber auch eine kreative Komponente, die sich in einem lokalen Kunstleben äußert, das in den vergangenen Jahren förmlich explodiert ist. Die Formel, dass umsatzstarke Messen entstehen, wo die Sammler sind, und innovative Messen dort, wo die Kunst floriert, erklärt auch hier wieder, warum die Zona Maco, unter häufig wechselndem Namen, eine Alleinstellung als DIE internationale lateinamerikanische Messe für zeitgenössische Kunst erwerben konnte. Die Messe gibt sich hypermodern, kreativ und erlaubt sich den Luxus, Newcomer in das Zentrum des Interesses zu stellen. Von den Mexikanern ist noch viel zu erwarten – in Zukunft übrigens unter demselben Namen: Zona Maco.

Das gigantische Centro Banamex böte Raum zum Wachsen. Doch das ist keineswegs Teil der Strategie. Messechefin Zélika García betont, dass es nicht das Ziel sei, größer zu werden: „Für Mexiko ist vor allem wichtig, neue Sammler zu gewinnen. Die Messe sollte im Takt mit dem mexikanischen Markt wachsen." Mit diesem Credo hat sich die Zona Maco in den wenigen

Links
Die brasilianische Galerie Baró zeigte auf der Zona Maco 2009 eine beeindruckende Installation von Rosana Ricalde, bestehend aus den Seiten von José Saramagos Roman „Die Stadt der Blinden", aus denen Ricalde jeweils die Wörter „Licht", „Dunkelheit", „sehen" und „schauen" entfernt hat.

Rosana Ricalde: A Luz. 2004. Installation from the book „Blindness" by José Saramago.

Oben
Die Kopenhagener Galerie Nicolai Wallner brachte 2009 Elmgreen & Dragsets „Boy Scout"-Etagenbett nach Mexiko.

Michael Elmgreen & Ingar Dragset: Boy Scout. 2008. Metal bunk bed, foam rubber, sheeting, pillows, wool rug. 188 x 207 x 77 cm. Edition of 3.

Die mexikanische Galerie KBK Arte Contemoráneo zeigte auf der Zona Maco 2010 eine Installation von Ale de la Puente, bestehend aus 16.000 Münzen, einem Besen und einer Kehrschaufel. Das Werk wurde von der Kunstsammlung Colección Jumex erworben.

Ale de la Puente: Without Title. 2010. 10,000 10 Cent and 6,000 20 Cent Mexican coins, broom and dustpan, variable dimensions.

Jahren ihres Bestehens in die kleine Kerngruppe jener latein- und südamerikanischen Messen gereiht, die nicht auf Größe, sondern allein auf Qualität setzen. Nach Jahren des Aufbaus und der Konsolidierung bestätigte das internationale Feuilleton spätestens 2009, dass diese Rechnung aufgegangen sei. Ein doppelter Erfolg angesichts eines Jahres, das die denkbar schlechtesten Rahmenbedingungen bot: Neben der Finanzkrise stellte auch die in Mexiko wütende Schweinegrippe ein substanzielles Problem dar. Besucherzahl und Verkäufe gingen zurück – beides aber in einem so moderaten Maße, dass die Messe zu Recht als nunmehr etablierte Qualitätsmesse gefeiert wurde.

Jung, aber nicht regional

Auffällig ist, dass sich die Zona Maco gegen den Trend der regionalen Fokussierung stemmt. Auch wenn selbstverständlich klare lateinamerikanische Akzente gesetzt werden, dominieren keinesfalls die mexikanischen Galerien. Aus ganzen 20 Ländern kommen die knapp über 90 beteiligten Galerien. Schaut man sich die ausländischen Teilnehmer an, fällt allerdings auf, dass sich die Messe auf einige wenige internationale Blue-Chip-Galerien beschränkt. International ist sie hingegen ausgerechnet im nicht-arrivierten Bereich: unter den jungen Galerien und den Künstler-Newcomern. Hier erlaubt sich die Zona Maco den erfrischenden Luxus, global zu denken. Allein in Mexiko lassen sich nicht genügend neue Tendenzen in der Kunst finden, um einen eigenen Ausstellungsbereich zu füllen. Den Sammler, so García, reize es vor allen Dingen, Neues zu entdecken. Dies gilt offenbar nicht nur für die zugereisten, sondern auch für die mexikanischen Gäste. Diese wissen das innovative Moment der Zona Maco zu schätzen. Zahlreiche junge Besucher strömen im April ins Centro Banamex.

Zwei der drei Messebereiche lösen den Wunsch nach Neuem ein: „New Proposals" zeigt Galerien, die maximal fünf Jahre am Markt sind. Von ihnen wird erwartet, dass sie junge, zeitgenössische Namen mitbringen. Ein anderer, kuratierter Bereich namens „Zona Maco Sur" zeigt Soloprojekte mit Kunst aus der südlichen Hemisphäre. Obwohl hier auch etabliertere Künstler zugelassen sind, gehört es zum Prinzip dieser Sektion, dass die präsentierten Künstler bislang noch nicht oder erst wenig in Mexiko gezeigt worden sind. Mexikaner selbst kommen hier also nicht zum Zuge.

Sinn für leise Zwischentöne

Obwohl explizit jung und „emerging", gibt es bei der Zona Maco überraschend viele leise Töne. Die Messe schafft den Spagat, die unaufgeregte Coolness einer Armory Show mit der Innovationskraft einer Scope Fair unter einem Dach zu vereinen.

Schaut man auf die Highlights des Jahres 2010, fanden sich hier auch viele Beiträge, die ohne Marktschreierei auskommen. Die schwedische Galerie Elastic etwa zeigte den minimalistischen „Horizon (Southern Sundrawing)" von Runo Lagomarsino: 90 schlichte, kleine Zeichnungen auf Zeitungspapier, aufgereiht zu einer horizontalen Linie, die sich quer durch die Koje zieht.

2009 brachte die dänische Galerie Nicolai Wallner das Werk „Boy Scout" von Elmgreen & Dragset nach Mexiko, das in sehr schlichter Ästhetik Denkprozesse anregt. Das Werk ging für mehr als 100.000 US-Dollar an eine mexikanische Kunststiftung. Eine andere dänische Galerie, Nils Stærk, ließ es ein wenig mehr knallen: Sie setzte auf die dänisch-brasilianische Künstlergruppe Superflex, die mit ihrem Video von einem Modellnachbau eines McDonald's-Restaurants, das mit Wasser geflutet wird, für große Aufmerksamkeit sorgte. Auf der Zona Maco 2010 präsentierte Stærk ein Superflex-Video, das das Abbrennen eines Autos zeigt.

Eine weitere, auf den ersten Blick weniger subtile Provokation lieferte 2010 die EDS Galerie mit Teresa Serranos Eisskulptur „Fuck You". Reihenweise posierten die Messegäste an dieser Skulptur und ließen sich fotografieren. Womit die Skulptur ihren tieferen Sinn erfüllte: Die verbale Provokation verblasst im Plakativen. Statt aufzuregen, amüsiert sie und löst sich ins Nichts auf.

Die dänische Künstlergruppe Superflex sorgte 2009 auf der Zona Maco und anderswo für Aufmerksamkeit mit einem gut sechs Minuten langen Film, in dem sie eine in Miniaturgröße nachgebaute McDonald's-Filiale mit Wasser fluten. Zu sehen bei der Kopenhagener Galerie Nils Stærk.

Superflex: Flooded McDonald's. 2008. Film still from video.

Das aufgeschlossene und ironiefähige Publikum macht solche Späße mit. Und leidensfähig muss es auch sein. Ob Smog oder Schweinegrippe: Irgendwie hat man das Gefühl, bei der Zona Maco immer mit einem Mundschutz vor dem Gesicht umherhuschen zu müssen. So auch, als Lärm und Staub von Bauarbeiten an einem Parkhaus unweit des Messegeländes 2007 die Kunstschau beeinträchtigten. Wieder einmal wurden die Taschentücher gezückt. Einige Sammler stimmten in die Selbstironie der Maco ein und steckten sich einen Button ans Revers: „I survived MACO 2007".

Die Provokation ist ebenso vergänglich wie das Eis, aus dem sie gehauen ist. Teresa Serranos „Fuck You", 2010 in Mexiko gezeigt, spielt mit der Verbrauchtheit sprachlicher Provokationen in der Kunst.

Teresa Serrano:
Fuck You. 2010.
Ice, variable dimensions.

Stadt	Mexiko-Stadt
Veranstaltungsort	Centro Banamex
Datum	April
Gegründet	2002 Gründung als Muestra in Monterrey 2003 Umzug nach Mexiko-Stadt 2004 Umbenennung in MACO Mexico 2008 Umbenennung in FEMACO 2009 Umbenennung in Zona Maco
Schwerpunkte	Moderne und zeitgenössische Kunst.
Galerien	96
Besucher	31.000
Rahmenprogramm	Nueva Propuestas/New Proposals: Messebereich mit neuen Galerien, die weniger als fünf Jahre am Markt sind. Zona Maco Sur/Zona Maco South: 15 bis 20 kuratierte Soloprojekte, Schwerpunkt auf jüngeren und etablierten Künstlern der südlichen Hemisphäre, die bislang noch nicht bzw. kaum in Mexiko gezeigt wurden.
Leiter	Zélika García
Internet	www.macomexico.com

ART COLOGNE

Sie ist die unangefochtene „Mutter aller Kunstmessen": Die Art Cologne war 1967 unter dem Namen „Kunstmarkt Köln" jene Veranstaltung, die bis heute als Blaupause für das Veranstaltungsformat „Kunstmesse" dient. Die Messe erlebte goldene Zeiten und wuchs in den Neunzigerjahren zu einer gigantischen Schau heran. Es folgten Jahre des Niedergangs und der Neuordnung. Derweil wurde Köln von zahlreichen anderen Standorten überrundet, die den Status als neue internationale Leitmessen übernahmen: vorneweg die Art Basel, die 1970 als Gegenreaktion auf Köln erstmalig stattgefunden hatte. Köln drohte derweil zu einer lokalen Veranstaltung zu werden. Enorme Mühen wurden in den letzten Jahren unternommen, um die Art Cologne wieder an die Spitzengruppe der internationalen Messen heranzuführen. Mit ersten Achtungserfolgen.

Einen langen Weg der Komprimierung hat die Art Cologne bereits hinter sich, verglichen mit den goldenen Zeiten in den Neunzigerjahren, als die Messe auf gut 350 Galerien angeschwollen war und über 80.000 Besucher verzeichnen konnte. Ganze neun Tage lang dauerte die 1995er Ausgabe der Messe. So erfolgreich dieses Jahr auch war, es wirkte ermüdend auf alle Beteiligten. Kritik regte sich an der Unübersichtlichkeit der Kunstschau. Obwohl schon zu diesem Zeitpunkt gut ein Viertel der Bewerbungen abgelehnt wurde, zeichnete sich ab, dass die Anzahl der Galerien schrumpfen musste. Lediglich 279 kamen im Folgejahr noch durch den Antragsprozess – was der Messe einige Klagen durch abgewiesene Galerien eingebrockt hat.

Leider ging die übliche Strategie, die Komprimierung zum Zwecke der Qualitätssteigerung durchzuführen, nicht auf. Denn jene internationalen Blue Chips, die nicht ohnehin schon nach Basel abgewandert waren, zogen in den frühen 2000ern fort zur coolen, frischen Frieze

Bemerkenswerte Arbeit bei Loevenbruck im Open Space 2009: Bruno Peinados streng geometrische, farbstarke Kästen sind bei näherem Hinsehen verbeult.

Bruno Peinado: Untitled, California's Dreaming Game Over. 2009. Aluminum, car paint, 220 x 60 x 39 cm (each).

Links
Die multimedialen Arbeiten des 2006 verstorbenen amerikanischen Künstlers Nam June Paik erregen immer wieder Aufsehen. Herausragend auf der Art Cologne 2009 bei Hans Mayer: seine „Venus", bestehend aus einer Aluminiumstruktur mit bemalter Satellitenschüssel und 24 Farbfernsehern.

Nam June Paik: Venus. 1990. Painted aluminium infrastructure, 1 multi painted satellite dish, 24 Sony 8" color TV sets, 1 Sony laser disc player, ca. 193 x 193 x 48 cm.

Manege frei für Jeppe Hein! Der Däne schuf mit zahlreichen anderen Künstlern einen Kunstzirkus im Open Space der Art Cologne 2010. Der Circus Hein bot während der Messe zahlreiche Projekte, die sich mit Magie, Illusion, Sensation, Partizipation und Amüsement auseinandersetzten.

Jeppe Hein: Circus Cage. 2009.

Jeppe Hein: 3-Dimensional Mirror Mobile. 2009.

Let Me Show You The World: Big Moustache. 2009.

Art Fair nach London, zur hippen, neuen Art Basel in Miami oder gleich um die Ecke in die Kulturhauptstadt Berlin, wo sich mit dem art forum berlin eine international wettbewerbsfähige zweite deutsche Messe etabliert hatte.

Für die Art Cologne brachen schwierige Zeiten an. Galerien und Sammler verloren zunehmend an Internationalität, und in den Medien erschien die Messe häufiger mit Skandälchen als mit finanziellen Erfolgsmeldungen. So konnte man voraussehen, dass eine Wiederbelebung von Jannis Kounellis' Pferde-Performance nach hinten losgehen würde. Zwölf Pferde zogen in einer Soloschau-Koje ihre Bahn. Die ganze Halle stank nach Pferdeäpfeln. Diese Performance, die 1969 als Kritik am Kunstgeschäft gedacht war, wurde 2006 natürlich ganz anders gelesen. Der Protest von Tierschützern kam postwendend. Dass die Pferde alle zwei Stunden ausgewechselt wurden, genügte nicht, um die Gemüter zu beruhigen.

Neustart mit Daniel Hug

Mit der Übernahme der Messeverantwortung durch Daniel Hug 2009 wehte ein neuer Wind durch die Kölner Messe. Fast beschwörend tönte der Jazzer Nils Landgren mit „I will survive" aus den Lautsprechern, als Hug die erste Art Cologne unter seiner Führung der Öffentlichkeit vorstellte. Nicht mehr behäbiges Schrumpfen ist nun angesagt, sondern ein radikaler Schnitt. Für Art-Cologne-Veteranen, auch jene, die den Verkleinerungsprozess befürworteten, fiel ein erster Blick auf den neuen Hallenplan recht schockierend aus: So klein ist sie also jetzt? Auf ganze 200 Galerien wurde die Teilnehmerliste eingekürzt – was im internationalen Kontext immer noch eine stattliche Zahl ist.

Die Art Cologne bekommt wieder Profil. Dass Top-Namen wie die Londoner Galerie Annely Juda oder Karsten Greve aus Köln – viele Jahre eines der Flaggschiffe der Art Cologne – nach Jahren der Abwesenheit hier wieder präsent sind, spricht für sich: Köln meldet sich zurück. Noch ist aber, insbesondere im internationalen Bereich, Luft nach oben. Köln misst sich aktuell noch nicht an Basel, London oder Miami, sondern an Paris und an Berlin. Letzterer Standort hat die lebendigere Kultur- und mittlerweile auch Galerien-Szene. Im Rheinland hingegen finden sich nach wie vor die eifrigsten Sammler.

Köln hat insbesondere in Zeiten der Finanzkrise auf das richtige Pferd gesetzt: Immer schon war die Art Cologne stark bestückt im Feld der Nachkriegsmoderne und der arrivierten zeitgenössischen Namen. Genau in diesen Kunstbereichen sind die sicheren Werte, die während der Krise verstärkt nachgefragt werden. So dominierten in den vergangenen Jahren Dauerbrenner wie Gerhard Richter, Peter Doig und Neo Rauch das obere Preissegment. Richter wurde bei Ludorff bis 400.000 Euro gehandelt, Doig erzielte bei Michael Werner für kleinformatige Werke beachtliche 360.000 Euro, Eigen+Art bot 2010 Neo Rauchs „Die Kontrolle" für 600.000 Euro an.

Zeitgenössische Kunst auf dem Vormarsch

Gleichzeitig ist es kein Geheimnis, dass eine Vernachlässigung der zeitgenössischen Kunst eine Messe schnell in die Beliebigkeit führen kann. Deshalb bezieht die Art Cologne neben

Der Galerist Philipp Bollmann blickt während der Messe 2010 durch das Objekt „Ohne Titel" von Heinz Mack auf dem Stand der Galerie Samuelis Baumgarte aus Bielefeld.

Heinz Mack: Fesnell-Linse 2010. Plexiglas, 59 x 21 x 21 cm.

Im Hintergrund Heinz Mack: Im Zirkus. 2008. Chromatic constellation, acrylic on canvas, 130 x 160 cm.

der Pflege der Moderne auch klare Positionen bei den Emerging Arts, die frischen Wind in die vor einigen Jahren noch recht verstaubte Art Cologne gebracht haben. Absolut bemerkenswert sind die Bereiche New Contemporaries, in der sich ausgewählte Galerien mit einer kleinen Anzahl künstlerischer Positionen sehr pointiert darstellen, sowie das Programm

New Positions, das jungen Künstlern ermöglicht, sich im Bereich des Standes der vertretenden Galerie in einer eigenen kleinen Förderkoje zu präsentieren. Mit diesem 1980 erstmals aufgelegten Programm hat die Art Cologne Enormes für den Nachwuchs geleistet. Neo Rauch ist einer der so geförderten Künstler. Wer ihn 1999 in Köln entdeckt hat, konnte sich für – aus heutiger Sicht lächerliche – 3.500 Euro eine Papierarbeit und für 25.000 Euro ein großformatiges Gemälde sichern. Stephan Balkenhol (1983), Rosemarie Trockel (1984), Thomas Ruff (1987), Tracey Emin (1994), Tal R (1998): alles arrivierte Namen, die in Köln auf die Messebühne treten konnten.

Bemerkenswert auch der in den vergangenen Jahren entwickelte Open Space, der das einstige Kölner Kojenlabyrinth bricht und immer wieder Überraschungen bereithält. Ein geradezu sensationeller Paukenschlag gelang hier der Galerie Johann König, die 2010 den Dänen Jeppe Hein einen Teil der Fläche mit einem eigenen Zirkus bespielen ließ – eine Reminiszenz an Alexander Calders Mini-Zirkus aus den Zwanzigerjahren, bloß dass sich der „Circus Hein" in lebensechter Größe präsentierte. Insgesamt 35 Künstler lud Hein dazu ein, an seiner Performance mit Magie, Illusion, Artistik, Sensationen und Amüsement teilzunehmen.

Finanzkrise und Vulkanasche

Die Art Cologne präsentiert sich nach ihrem Relaunch transparenter und kuratorisch stringenter. Die Richtlinien, die früher geradezu bürokratische Qualität erreichten, sind nun gelockert worden. Junge Galerien und nicht-kommerzielle Einrichtungen dürfen nun dabei sein und stärken damit das innovative Element der Messe. All das gelingt mit einem gleichzeitigen Verzicht auf durchschaubare Provokationen, die bei anderen Messen bisweilen ermüden.

Seine Installation „Revuelta intima" baute der mexikanische Künstler Martin Soto Climent 2009 in der Sonderschau Open Space der Art Cologne auf.

Martin Soto Climent: Revuelta intima. 2009. Mixed media, 5 x 5 m.

Der Neustart, für den sich Hug die Bewunderung des Feuilletons eingeheimst hat, wäre wohl noch beeindruckender ausgefallen, wenn es nicht höhere Mächte gäbe, die scheinbar immer wieder versuchen, Köln auf dem Weg nach oben Steine in den Weg zu legen. Stand Hugs Beginn 2009 unter den Zeichen der Wirtschaftskrise, verhinderte 2010 die isländische Vulkanasche-Wolke die Anreise vieler ausländischer Sammler – immerhin hatten es die Werke noch rechtzeitig nach Köln geschafft. Die Preview präsentierte sich beunruhigend leise und leer. Trotz dieser denkbar schlechten Umstände erzielten die Galerien aber respektable Verkäufe. Das stimmt optimistisch für die Folgejahre, in denen die Naturgewalten und die Gesetze des Marktes der Kölner Messe dann hoffentlich auch freundlicher gesonnen sein werden.

Der deutsche Maler Gerhard Richter griff schon in den Sechzigerjahren auf Fotos zurück und brach hierdurch mit der Vorstellung des Künstlers als autonomem Bildschöpfer. Ein Beispiel für Richters Experimentierfreude ist die Edition „War Cut II", in der er das Cover des Künstlerbuches „War Cut I" mit Ölfarben übermalt. Das Künstlerbuch selbst beinhaltet Artikel der „Frankfurter Allgemeinen Zeitung", die den Irak-Krieg 2003 schildern. Gezeigt von der Galerie Ludorff auf der Art Cologne 2009.

Gerhard Richter: War Cut II. 2004. Oil on book cover, 25 x 21 cm.

Die Tease Art Fair überzeugt durch junge Positionen. Künstler haben hier die Möglichkeit, ganze Räume zu bespielen. Die Düsseldorfer Galerie Tedden ließ 2009 einen Raum mit den Plüschkassetten und Partyleuchten von Julia Arztmann und Evelyn Ebert füllen.

Julia Arztmann & Evelyn Ebert: Partyleuchte. 2006. Fabrics, lampshade.

my funky cassette. 2008. Edition. Fabrics, 30 x 20 x 4 cm each.

Loungepalette. 2008. Euro pallets, foam material, fabrics, 120 x 45 x 80 cm.

Stadt	Köln
Veranstaltungsort	Kölnmesse
Datum	April
Gegründet	1967 als Kunstmarkt Köln 1970 Umbenennung in Kölner Kunstmarkt 1974 Umbenennung in Internationaler Kunstmarkt, wechselnd in Köln und Düsseldorf 1984 Umbenennung in Art Cologne mit Köln als einzigem Messeort
Schwerpunkte	Internationale Moderne und zeitgenössische Kunst.
Galerien	202
Besucher	60.000
Rahmenprogramm	New Contemporaries: Ausgewählte internationale junge Galerien stellen zwei bis vier Positionen aus ihrem Programm vor. Die beste Präsentation wird mit dem Maurice Lacroix Award ausgezeichnet. New Positions: Sponsorship-Programm für ausgewählte junge, innovative Künstler, die jeweils eine eigene Koje erhalten. Der beste Newcomer wird mit dem Audi Art Award ausgezeichnet und erhält eine Soloschau. Open Space: „Laboratorium, Marktplatz und Diskussionsforum", das rund 25 ausgewählte Künstler mit außergewöhnlichen künstlerischen Ansätzen auf einer gemeinsamen Fläche von 3.000 Quadratmetern präsentiert. Art Cologne Prize: Jährlicher Preis an eine Person, Gruppe oder Institution, die sich um die Förderung der Kunst verdient gemacht hat. Monopol Talk und Artist Talk: Diskussions- und Gesprächsreihe über kunstbezogene Themen, sowie Dialoge mit Künstlern.
Leiter	Daniel Hug
Internet	www.artcologne.com

NEBENMESSEN DER ART COLOGNE

In Köln wurde nicht nur das Konzept der Kunstmesse erfunden, sondern auch das Phänomen der Nebenmesse. 1967, bereits im ersten Jahr des Kölner Kunstmarktes, formierte sich die „Demonstrative", 1968 dann die „Project 68" in Düsseldorf, 1969 der „Neumarkt der Künste". Mit der „Internationalen Kunst- und Informationsmesse" schufen die Messemacher sogar selbst ein Alternativformat, das einige Jahre in Düsseldorf stattfand, bis es mit der Kölner Messe fusionierte.

Die 1992 gegründete „Unfair" formierte sich aus Art-Cologne-Abtrünnigen. Sie hatte nur zwei Jahre Bestand. Einer ihrer führenden Köpfe, Christian Nagel, gehörte in den Folgejahren auch zu den Initiatoren des art forum berlin.

Unter den jüngeren Initiativen für eine Kölner Nebenmesse ist die 2003 gegründete „Art. Fair 21" so gut etabliert, dass sie 2007 den Umzug des Art-Cologne-Messetermins vom Herbst auf den April nicht mitmachen musste.

Tease Art Fair

Momentan ist die Tease Art Fair die einzige Nebenmesse der Art Cologne. Sie versteht sich als kuratierte, experimentelle Plattform für zeitgenössische Kunst, präsentiert in den neoklassizistischen Räumlichkeiten der ehemaligen Bahndirektion. Die Auswahl ist spannend, qualitative Ausfälle halten sich im Rahmen.
www.tease-online.de

CIGE & ART BEIJING

Im Schatten der Platzhirsche ShContemporary und Art HK gedeihen am wichtigen chinesischen Kunststandort Peking mit der CIGE und der Art Beijing zwei bemerkenswerte Messen, die durch Innovation und Gespür für neue Tendenzen überzeugen.

Der Wettbewerb unter den chinesischen Messen ist hoch. Während Art HK und ShContemporary um die internationale Szene buhlen, bemühen sich Art Beijing und die China International Gallery Exposition CIGE um die Vorrangstellung am Hauptstadtmarkt. Mit der Verlagerung des Messetermins auf die Woche unmittelbar vor der Art Beijing hat die CIGE den Wettkampf weiter angefacht.

CIGE: Fokussiert und gut sortiert

Die CIGE ist fokussiert, gut sortiert und versucht nicht um jeden Preis, europäisch oder amerikanisch zu sein. Sie ist ein Marktplatz für Kunst aus dem asiatischen Raum – mit einer erfreulich starken Präsenz von Galerien und Künstlern auch aus Japan, Korea, Taiwan und Südostasien. Hier liegt ihre Stärke, denn die CIGE fasst alles zusammen, was sich aktuell in der asiatischen Kunst tut und regt: vom Animationsfilm inspirierte Werke, Mao-Figuren und bunte Auseinandersetzungen mit der kommunistischen Vergangenheit, viel mythisch Beladenes – und für westliche Betrachter häufig nicht Verständliches – sowie Tier-Symboliken.

Trotz ihrer starken Stellung am asiatischen Markt fehlte der CIGE lange Zeit ein Auswahlkomitee. Das spürte man besonders in den Randbereichen der Messe, in denen die Qualität merklich abnahm. Ein anderes untrügliches Anzeichen für die Probleme der CIGE war die Tatsache, dass ihr einige wichtige chinesische Galerien den Rücken gekehrt hatten. Erst 2009 entschied sich die CIGE zur Einführung eines Komitees: definitiv ein Schritt in die

Chin Kong Yee auf der CIGE 2008. Die Wei-Ling Gallery präsentierte hier einige farbstarke Bilder im Stil des von Chin Kong Yee entwickelten „Actuality Accorded Painting". Auf diesen Bildern werden Änderungen der Betrachtungsperspektive und Veränderungen des Motivs über die Zeit der Entstehung mit in das Werk aufgenommen. Dadurch entstehen surreal wirkende Sichten auf scheinbar banale, touristisch anmutende Motive.

Chin Kong Yee: Paris Café. 2008. Oil on canvas, 130 x 190 cm.

Links
Die russische Künstlergruppe AES+F wurde 2008 von der spanischen Galerie Salvador Díaz auf der CIGE gezeigt. In ihrer Serie „Last Riot" setzt sich AES+F mit den modernen Erscheinungsformen des Krieges auseinander und inszeniert sie in einem „letzten Kampf der Menschheit". Krieg ist nicht mehr schmutzig und grausam, sondern wird zu einem sauberen, jungen Unterhaltungsformat – ganz wie auf der Website www.americasarmy.com, auf der sich die amerikanische Armee mit Cartoons und Videospielen präsentiert.

AES+F: Last Riot 2. Tondo #22. 2006. Digital collage, digital print on canvas, 150 x 150 cm.

Zhang Jian überzeugte wiederholt auf der Art Beijing mit seinen impressionistisch inspirierten Ölgemälden. Die Bilder zeigen Augenblicke und Eindrücke, eingehüllt in einen Nebel der Erinnerung. Die Aura Gallery präsentierte 2010 sein großformatiges Gemälde „Flower".

Zhang Jian: Flower. 2005. Oil on canvas, 160 x 130 cm.

richtige Richtung. Die erste sichtbare Folge war 2010 der deutliche Rückgang an teilnehmenden Galerien.

Bei den kuratierten Projekten und den Sonderschauen hatte die CIGE nämlich schon seit längerer Zeit auf Qualität gesetzt. „Mapping Asia" zeigt jeweils rund 30 Soloschauen junger Künstler aus ganz Asien und bietet damit einen gewissen Überblick auf einem Markt, der momentan über alle Maßen gehypt wird. Die „International Soloshows" bringen nicht nur internationale Galerien auf die CIGE, sondern ermöglichen auch den teilnehmenden Künstlern ein zehntägiges Artist-in-Residence-Programm in Peking.

Mit dem Subliminals-Projekt holt die CIGE Non-Profit-Organisationen an Bord und sorgt für manche Überraschung. So konnten die Besucher der CIGE 2010 für gerade einmal zehn Yuan – ca. einen Euro – eine Maske des Schweizer China-Kenners und Kunstsammlers Uli Sigg erwerben. „Werden auch Sie als Kunstsammler akzeptiert", wurden die Masken angepriesen – gemeinsam mit dem „Versprechen", dass fast alle Galeristen auf diese Maske hereinfallen würden.

Art Beijing: Jung und unangepasst

Die Art Beijing entstand als Konkurrenzprojekt zur CIGE von ehemaligen CIGE-Mitarbeitern und hat sich binnen kurzer Zeit zu einem ernsthaften Wettbewerber entwickelt.

Die Art Beijing zeigt viele Fotos. Der Bereich „Photo Beijing" war ursprünglich als eigene Messe im Spätsommer geplant, wurde aber auch unter dem Druck der Finanzkrise mit der Art Beijing zusammengelegt. Auf diesem Wege konnte die kleine Fotomesse bewahrt und ausgebaut werden. Sie bleibt damit weiterhin fotografische Messe in China, wo das Interesse an dieser Kunstform noch schwach ausgebildet ist.

Ebenso wie die CIGE bemüht sich die Art Beijing sehr um junge Kunst. Dabei ist sie weniger international als die CIGE, aber nicht minder innovativ. So bemüht sich die Sonderschau „Art Unforbidden" um neue Trends und sucht dabei auch gezielt Tabubrüche und neue Formen des Ausdrucks und der Ästhetik. Im 2010er Art-Unforbidden-Programm „Poetic. Daily" konzentrierte sich die Art Beijing auf rund 25 chinesische Künstler, die nach 1980 geboren wurden.

Unentschieden nach regulärer Spielzeit

Die geringere internationale Ausprägung – und auch die geringere Größe – macht die Art Beijing durch hohe Qualität wett. In den vergangenen Jahren fand man hier seltener jenes abfallende Niveau, das man bei der CIGE durch die Einführung eines Komitees zu bekämpfen

Nachdem sich der Künstler Yan Lei durch zahlreiche unangepasste, provozierende Performances redlich den Ruf des „Bad Boys" der chinesischen Kunst erworben hat, konterkariert er mit dem Übergang zur Malerei diesen Ruf. In seiner „Sparkling"-Serie bedient er sich scheinbar so unkritisch der Form- und Farbsprache der Pop-Ikonografie, dass es schon wieder provoziert. Hier zu sehen in der Koje von Tang Contemporary Art auf der CIGE 2008.

Yan Lei:
Sparkling - New York. 2007.
Acrylic on canvas,
220 x 220 cm.

versucht. Zudem steht nach dem Abschluss der Art Beijing 2010 die klare Kampfansage von Direktor Dong Mengyang im Raum, dass man mittels strategischer Partnerschaften die Art Beijing zu einer Messe für ganz Asien machen will.
Auf der anderen Seite überzeugt die CIGE immer noch mit einer größeren Marktstärke: 40 Millionen US-Dollar betrug der Umsatz auf der Messe 2008, unmittelbar vor dem Einbruch der Märkte.

CIGE und Art Beijing gehen beide in das Reifealter einer Kunstmesse. Es ist fraglich, ob und wie beide Schauen am stark gedrängten asiatischen Markt werden bestehen können. Nach einem zu erwartenden Abflauen des asiatischen Kunsthypes könnte es ernst werden. Doch das scheint noch weit in der Zukunft zu liegen. Aktuell steht es nach regulärer Spielzeit unentschieden zwischen diesen beiden interessanten Hauptstadtmessen.

Wang Guangyis „Passport" auf der Art Beijing 2006. Das Werk setzte den Anfang für Wang Guangyis Arbeit mit Installationen nach seiner erfolgreichen „Great Criticism"-Serie der frühen Neunzigerjahre, in der er Motive der chinesischen Kulturrevolution neben Logos der westlichen Konsumwelt setzte. Vier Jahre nach der Schau auf der Art Beijing wurde „Passport" wieder veräußert, diesmal bei Sotheby's, wo die Bilderserie rund 850.000 Euro erzielte.

Wang Guangyi: Passport. 1996. Oil on canvas. 30 paintings, 50 x 40 cm each.

China International Gallery Exposition CIGE

Stadt	Peking
Veranstaltungsort	China International Trade Center Exhibition Hall
Datum	April/Mai
Gegründet	2004
Schwerpunkte	Asiatische und internationale Moderne und zeitgenössische Kunst.
Galerien	56
Besucher	45.000
Rahmenprogramm	Mapping Asia: Sonderschau mit jungen asiatischen Künstlern. International Solo Shows: Soloschauen mit zwölf internationalen Künstlern in Zusammenarbeit mit ihren Galerien. An die Sonderschau ist ein zehntägiges Artist-in-Residence-Programm gekoppelt. Subliminals: Sonderschau in Zusammenarbeit mit wechselnden Non-Profit-Organisationen. My Landscape – My Utopia: Kuratierte Ausstellung mit Künstlern der Jahrgänge 1950 bis 1980, die ihre Vision von Utopia in der Landschaft von Yunnan umsetzen sollen. Video Loops: Audiovisuelles Rahmenprogramm mit neuen und etablierten Künstlern.
Leiter	Wang Yihan
Internet	www.cige-bj.com

Art Beijing

Stadt	Peking
Veranstaltungsort	Beijing National Agricultural Art Exhibition Hall
Datum	April/Mai
Gegründet	2006
Schwerpunkte	Chinesische und asiatische zeitgenössische Kunst. Ferner Fotografie, Film und Modefotografie.
Galerien	61
Besucher	50.000
Rahmenprogramm	Art Platforms: 20 Sonderschauen in Kooperation mit internationalen Non-Profit-Organisationen, Stiftungen, Kunsteinrichtungen und Botschaften. Art Unforbidden: „Akademische" Themenausstellung, die neue Trends und Entwicklungen in der Kunst aufspürt. Art Cinema: Video-Art-Schau mit zehn eingeladenen asiatischen Videokünstlern. Fashion Beijing: Modefenster im Rahmen der Art Beijing. Public Art Projects: Kunstprojekte im öffentlichen Raum. Art Beijing Economic Forum: Öffentliche Gespräche und Diskussionen zur Entwicklung des Kunstmarkts. Spectators See More Than Players: Roundtable-Veranstaltung mit ausländischen Künstlern.
Leiter	Dong Mengyang
Internet	www.artbeijing.net

ART BRUSSELS

Man kann kaum glauben, dass die Art Brussels 1968 neben Köln und Basel zur allerersten Generation der Kunstmessen gehörte. Hier ist nichts Altbackenes, nichts Verkrustetes. Die Art Brussels ist jung, frech und hält sich streng an zeitgenössische Kunst. Dass die Art Cologne zwischenzeitlich zum gleichen Termin stattfand, hat die Brüsseler nicht verschreckt. Längst haben auch die teilnehmenden Galerien verstanden, dass Brüssel nicht eine „Cologne B"-Messe ist. Noch vor wenigen Jahren hatte man an jedem dritten Stand einen kleinformatigen Jonathan Meese gefunden, heute denken die Galerien größer, mutiger und internationaler bei der Bestückung ihrer Verkaufsflächen.

Dass die Brüsseler Kunstschau im Kommen ist, beweist auch, dass Schwergewichte wie Sprüth Magers, Lisson, Emmanuel Perrotin und Hauser & Wirth mittlerweile in die belgische Hauptstadt kommen. Letztgenannte brachten 2010 die Arbeit „Sunrise" von David Claerbout mit, die in verschiedenen Schattierungen von Dunkelgrau eine Reinigungskraft bei ihrer Arbeit im Morgengrauen zeigt.

Ein festes Rückgrat sind die eigenen belgischen Sammler – das Land verfügt über eine enorme Sammlerdichte – und die Galerien und Sammler aus Frankreich und Deutschland. Unter dem Strich ist Brüssel mit rund 80 Prozent ausländischen Galerien wesentlich internationaler als viele ihrer Nachbarmessen.

Auf dem Weg zum eigenen Profil

Noch ist die Messe nicht am Ziel ihrer Selbstfindung, welche die Art-Brussels-Chefin Karen Renders seit 1997 mit ruhiger Hand betreibt. Die jüngst vollzogene räumliche Trennung der etablierten von den jüngeren Galerien führt zu einem erfrischenden Kontrast zwischen einer „etablierten", etwas gesetzteren und einer jungen, etwas chaotisch-anarchischen Halle.

Paul McCarthys „Mimi" war Dauergast auf verschiedensten Messen der vergangenen Jahre. Und überall, wo das Mädchen mit dem Rehkitz auftauchte, stieß es auf zahlreiche Interessenten und auch Käufer – allein zwei Exemplare gingen auf der Armory Show 2008 weg. Und das bei einem beeindruckenden Preis von 450.000 US-Dollar, mit dem die kleine „Mimi" zu den teuersten Werken auf der Art Brussels 2010 gehörte.

Paul McCarthy: Mimi. 2006/2008. Silicon and steel. Ed. 5/6 + II, 74 x 61 x 41 cm.

Links
1.000 schwarze Regenschirme im General Post Office von Melbourne. Von Zeit zu Zeit wird Wassernebel in die Luft gesprüht. Matej Andraž Vogrinčičs Installationen sind aufsehenerregend, wie auch diese, die von der slowenischen Galerija Škuc auf der Art Brussels 2010 vorgestellt wurde.

Matej Andraž Vogrinčič: When on a Winter's Night a Traveller. 2005. Photography after site-specific installation Melbourne.

Der belgische Konzeptkünstler Wim Delvoye ist auf der Brüsseler Kunstschau omnipräsent. Legendär und umstritten ist sein „Art Farm China"-Projekt: Delvoye betreibt eine eigene Schweinefarm in China, auf der er die Schweine tätowiert und nach ihrem Ableben die tätowierte Haut in Kunstwerken weiterverarbeitet. Die Brüsseler Galerie Rodolphe Janssen zeigte 2010 Isfahan, eine mit Teppich bezogene Schweineskulptur, bei der lediglich die Füße von einem echten Schwein stammen.

Wim Delvoye: Isfahan. 2010. Stuffed Carpet Pig, 125 x 34 x 60 cm.

Kippen wird vielleicht der Montagstermin, an dem die Messe bislang – sehr unkonventionell – endet. Er wird unter den Galeristen spöttisch als „Ladies' Day" bezeichnet: Ein letztes Mal können die Manager-Ehefrauen durch die Messe streifen und auf Schlussverkaufs-Shopping gehen. Die Messe sieht das als Dienst am Sammler, für die Galerien ist es meist eher belastend.

Brüssel will in die Champions League

Wenn es nach Renders geht, soll die Art Brussels in die Riege der weltweit führenden Messen aufsteigen. Die Basis hierfür scheint vorhanden. Die Art Brussels hat ein vergleichsweise schmales, aber sehr fachkundiges und zahlungskräftiges Publikum, es gibt Glamour und Skandale nur in homöopathischen Dosen.

Was zum Aufstieg in die Spitzengruppe noch fehlt, ist das hochpreisige Segment. Seltene Spitzen reichen in den unteren sechsstelligen Bereich. Victoria Miro aus London hätte 2010 die Skulptur „Pumpkin" der großen alten Dame Yayoi Kusama gleich mehrfach für 210.000 Euro loswerden können. Ein Schnäppchen, wenn man bedenkt, dass Kusamas Tupfenarbeiten aus den Sechzigerjahren bereits in den Millionenbereich vordringen.

Die Genfer Galerie Guy Bärtschi konnte jüngst „Penalty II", ein buntverglastes Fußballtor von Wim Delvoye, nach nur kurzer Zeit für 200.000 Euro verkaufen. Überhaupt ist die Art Brussels ein Heimspiel für den belgischen Superstar Delvoye, der 2008 sein ironisches Spiel mit den kommerziellen Regeln des Kunstmarktes so weit trieb, dass er auf der Messe einen „Delvoye Merchandise Shop" einrichtete. Dort verkaufte er Miniaturen seiner bekanntesten Werke. Auch seine skandalträchtigen tätowierten Schweine zählten dazu: Der Künstler betreibt eine Schweinefarm in China, auf der die Tiere tätowiert werden. Nach ihrem Tod wird den Schweinen entweder die Haut abgezogen und verkauft, oder ganze Tiere werden ausgestopft und als Kunstobjekte angeboten. Das Motto Delvoyes für den „Merchandise Shop": „Play with Wim – you can tell it's not Mattel". 2009 erzielte er mit den Originalen bei Rodolphe Janssen Erfolge.

Der Däne Adam Saks genoss 2009 große Beachtung bei seinem Messedebüt am Stand der Berliner Galerie Bourouina. In seinen jüngsten Werken vermengt Saks Versatzstücke aus Seemanns- und Fremdenlegionsromantik, Heraldik- und Tattoomotiven, Revuegirls und militärischen Devotionalien in kaleidoskopischen, fremd anmutenden Motivwelten.

Adam Saks: Smiley. 2009.
Oil on canvas, 200 x 130 cm.

Stadt	Brüssel
Veranstaltungsort	Brussels Expo
Datum	Ende April/Anfang Mai
Gegründet	1968 gegründet als „Art Actuel", zunächst im Zweijahresturnus 1998 Umbenennung in „Art Brussels", Wechsel zum jährlichen Veranstaltungsrhythmus
Schwerpunkte	Internationale zeitgenössische Kunst.
Galerien	172
Besucher	30.000
Rahmenprogramm	Artist Project: Künstler schaffen Kunstwerke speziell für die Messe. Performance: Plattform für verschiedene Performances. Debates: Diskussionsveranstaltungen zu kunsthistorischen, kulturpolitischen und Kunstmarktthemen. Brussels Gallery Night: Zahlreiche Brüsseler Galerien öffnen bis in die Nacht. Art in the City: Platzierung größerer Arbeiten im öffentlichen Raum.
Leiter	Karen Renders
Internet	www.artbrussels.be

IS THERE THEN A WORLD
WHERE I RULE
ABSOLUTELY ON FATE?
A TIME I BIND WITH
CHAINS OF SIGNS?
AN EXISTENCE BECOME
ENDLESS AT MY
BIDDING?

ART CHICAGO

Wilde Zeiten: 2001 wurde die Eröffnungsparty der Art Chicago gesprengt, als der Künstler Alan Bolle mit seinem BMW Art Car direkt in die Messeräumlichkeiten am Navy Pier fuhr. Der Exzentriker, ein alter Bekannter auf der Messe, wurde vom Fleck weg verhaftet, womit seine Jahre währende Liaison mit der Art Chicago endete. Die Geschichte der Art Chicago ist wechselhaft und turbulent wie die geplatzte Eröffnung von 2001.

2001 stand die Art Chicago ganz oben. Mit 220 Galerien war sie so groß wie nie, national führend und international in der Spitzengruppe der wichtigsten Messen. Der Navy Pier bot einen wunderbaren, mit dem Charme des Maroden versehenen Rahmen. Nach seinem Neubau war der Pier größer und spektakulärer, aber auch steriler. Chicagos wichtigste Touristenattraktion mit Popcorn und Riesenrad spülte Laufkundschaft in die Messe. Das trieb die Besucherzahlen in die Höhe, löste aber einen Kulturschock bei Galeristen und Besuchern aus. „Soll das Kunst sein?" und „Sind da auch Echte dabei?" gehörten noch zu den harmloseren Fragen, mit denen er konfrontiert wurde, berichtet ein Galerist dieser Jahre. Die Aussteller nahmen es teils gelassen und belustigt, teils aber auch mit zunehmender Irritation hin.

Die Berliner Wilde Gallery startete mit einem Achtungserfolg in die Art Chicago 2010: „E MARE" von Antonio Santin ging nach nur kurzer Zeit für 18.000 US-Dollar an einen Sammler.

Antonio Santin: E MARE. 2010. Oil on canvas. 240 x 140 cm.

Tumultartige Rettungsaktion

Während die Messe versuchte, ihr Profilproblem mit einem Umzug in Zelte auf dem Butler Field in Chicagos Grant Park zu lösen, zogen die Armory Show und die neue Art Basel Miami Beach am Urgestein aus Illinois vorbei. Der Umzug sollte sich als Fiasko erweisen, gipfelnd in den Ereignissen von 2006: Zwei Tage vor dem geplanten Messestart herrschte ein gespenstisches Bild. Keine Arbeiten, erste Kunstspediteure standen ratlos vor den leeren Zelten. Es stellte sich heraus, dass Art-Chicago-Veranstalter Thomas Blackman in schweren finanziellen Nöten war und versuchte, Partner für die Rettung der Messe zu finden. Er sprach auch mit dem Investor Merchandise Mart, der die

Links
Jenny Holzer auf der Art Chicago: 2008 illuminierte der Superstar der Kunstszene die Fassade des Merchandise Marts mit Lyrik der polnischen Literatur-Nobelpreisträgerin Wisława Szymborska.

Jenny Holzer: Chicago 2008. 2008. Installation.

Allan McCollum startete 2005 das „Shapes Project": Gemeinsam mit einer Bibliothek, mit Schulkindern, Architekten und anderen Künstlern entwickelte er ein Basisvokabular aus 300 Schattenformen, die in 30 Milliarden Kombinationen angeordnet werden können. Sein Ziel ist es, eine einzigartige Schattenform für jeden auf der Erde lebenden Menschen zu entwickeln. Die Bostoner Galerie Barbara Krakow zeigte auf der Art Chicago Arbeiten aus der Anfangszeit dieses Projekts.

Allan McCollum: The Shapes Project. 2005. One hundred and forty-four framed monoprints from Vector files.

Herausforderung annahm. In einer logistischen Hauruckaktion gelang es, die Messe binnen zweier Tage an die Chicagoer Antikmesse zu koppeln und pünktlich an einem neuen Ort, der Shopping Mall Merchandise Mart, zu eröffnen. Lediglich drei der 104 gemeldeten Galerien zogen nicht mit. Die Galeristen äußerten sich positiv über das professionelle Krisenmanagement.

Die Kopplung an die Antikmesse ist seither geblieben. Hinzu kam als dritte Kunstschau die auf Newcomer spezialisierte Next. Alle Messen werden nur wenige Stockwerke voneinander getrennt zeitgleich im selben Gebäude abgehalten, vereint unter dem gemeinsamen Label Artropolis, in das sich auch stadtweit an die 100 Kultureinrichtungen mit eigenen Events und Sonderschauen einklinken.

Fragt man die Teilnehmer, ist die Meinung zu diesem Konzept durchwachsen: Die Messe sei zwar auf dem Weg zu alter Größe, allerdings bei stark gesunkener Qualitätsdichte. Die Verquickung thematisch unterschiedlicher Messen habe den Standort Chicago in die Beliebigkeit geführt – und in die Unübersichtlichkeit. „Wir, die den vollen Standpreis zahlen", sagt ein Galerist in einem Gespräch mit der Zeitung „Chicago Tribune", „müssen zusehen, wie andere herumlaufen und glauben, die Hauptmesse finde auf einer anderen Etage statt." Messechef Tony Karman winkt ab: „Next und die Art Cicago ergänzen einander optimal. Es macht keinen Sinn, die beiden gegeneinander auszuspielen." In der Tat ist es Segen und Fluch zugleich, dass die Next nur einige Stockwerke entfernt das innovativere Profil hat. Daran ändern auch die eingestreuten Sonderschauen mit Kunsthochschulabsolventen und mit politischer sowie sozialkritischer Kunst nur wenig.

Der junge italienische Künstler Angelo Musco arrangiert seine komplexen Fotografien mit Dutzenden von Models, die er in Tausenden von Einzelbildern ablichtet und abschließend am Computer zusammenmontiert. Bereits 2009 sorgte Musco mit diesen Werken für Aufsehen und wurde kurze Zeit später zur Biennale in Venedig eingeladen. 2010 präsentierte die Chicagoer Carrie Secrist Gallery erneut Muscos Werke und konnte sich darüber freuen, dass ein Pariser Sammler auf einen Schlag die gesamte Koje mit den Werken des Shooting Stars aufkaufte.

Angelo Musco: Tehom. 2010. Edition of 3 c-print printed on metallic photo paper, mounted between aluminum and 1/4 inch Plexiglas, ca. 4 x 14 m (22 panels).

„Hallo, wie geht's?"

Allen Untergangsprophezeiungen zum Trotz: Immer noch kommen Namen nach Chicago, die international etwas gelten: sei es White Cube aus London oder – 2010 erstmals dabei – Haunch of Venison mit den drei Standorten New York, London und Berlin.

White Cube scheut sich auch nicht davor, in Chicago in das ganz hohe Preissegment vorzudringen, 2010 zum Beispiel mit einem Gemälde von Damien Hirst für 3,5 Millionen US-Dollar. Forsblom aus Helsinki verlangte für ein Julian-Schnabel-Porträt 500.000 US-Dollar. Solche Preise kann man sich erlauben, weil die Stadt über eine gute Infrastruktur an Kultureinrichtungen und Sammlern verfügt – beide stellen für die angeschlagene Messe ein wichtiges Rückgrat dar. Die Sammler in Chicago seien bedächtiger als jene in New York, unterstreicht der Berliner Galerist Peter Wilde. Dennoch gelang es ihm 2010, bereits nach kurzer Zeit Antonio Santins „E MARE" für 18.000 US-Dollar zu verkaufen. Ein schöner Achtungserfolg.

Rhona Hoffman, Galerie-Gigantin aus Chicago, hielt der Art Chicago durch alle Jahre die Treue. Unter anderem präsentierte sie einen Querschnitt durch das Werk der Konzeptkünstler-Gruppe Art & Language, etwa „Now they May be": Das Werk besteht aus neun Drucken, auf denen 21-mal der immer wiederkehrende Text „Hello _____, how are you?" steht, versehen mit wechselnden Namen. Fast unmöglich ist es, sich dem Reiz zu entziehen, die schier endlosen Reihen des immer gleichen Satzes nach seinem eigenen Namen abzusuchen mit den zwei denkbaren Ausgängen: Man findet seinen Namen. Heißt dies, dass das Werk den Betrachter grüßt? Was genau bedeutet die Befriedigung, die man beim Finden des eigenen Namens hat? Oder: Man findet den eigenen Namen nicht. Warum empfindet man Enttäuschung? Fühlt man sich ausgeschlossen? Das Spiel mit Identität und medialer Wahrnehmung ist symptomatisch für das 21. Jahrhundert.

Als junge Frau arbeitete die chinesische Künstlerin Hung Liu vier Jahre als Feldarbeiterin in der chinesischen Provinz. Später wurde sie Kunstlehrerin in Peking, studierte in den Achtzigern Kunst in den USA. Anfang der Neunziger kehrte sie nach China zurück, wo sie einen reichen Schatz an historischen Fotografien chinesischer Prostituierter entdeckte, welche die Grundlage für viele ihrer Arbeiten bildeten. All diese Lebensabschnitte lagern sich als Sedimentschichten in ihren eindrucksvollen Werken ab. „Fantasy III" wurde bei Nancy Hoffman auf der Art Chicago 2010 gezeigt.

Hung Liu: Fantasy III (La Cage IV). 2009. Mixed media, 104 x 152 cm.

Stadt	Chicago
Veranstaltungsort	Merchandise Mart
Datum	Ende April/Anfang Mai
Gegründet	1980 als Chicago International Art Exposition
	1992 Neustart unter dem Namen Art Chicago
Schwerpunkte	Amerikanische und internationale Moderne und zeitgenössische Kunst.
Galerien	150
Besucher	50.000
Rahmenprogramm	New Insight: Kuratierte Ausstellung mit Werken herausragender Kunst-Studenten.
	Partisan: Sonderschau mit Werken, die soziale und politische Ideen diskutieren.
	Survey America: Über den gesamten Messebereich werden besondere Arbeiten amerikanischer Künstler hervorgehoben.
	Chicago Speaks: Panel-Debatten und Seminare zur Art Chicago und zur Next.
	Converge Chicago – Contemporary Curators Forum: Künstler, Autoren und Kuratoren diskutieren aktuelle Trends.
	Docent Program: Spezialisierte, maßgeschneiderte Messe- und Galerientouren, geleitet von Kunstprofis.
	Artropolis: Stadtweites Kunst- und Kulturprogramm zur Art Chicago-Woche.
Leiter	Tony Karman
Internet	www.artchicago.com

Next

Die „Invitational Exhibition of Emerging Art" gehört zum Messedreiklang des Veranstalters Merchandise Mart und hat seit ihrer Gründung viele Fans gewonnen. Ohne Next, so die Freunde dieser Messe, wäre die Art Chicago schon längst eingestellt worden. Kritiker sehen eher das Problem, dass Next, mit immerhin rund 90 teilnehmenden Galerien, innovative Impulse abzieht, die für die Art Chicago so wichtig wären.

Über der Next liegt ein besonderer, sympathischer Do-It-Yourself-Charme und der Mut, beim Trendspotting auch mal geschmacklich daneben zu liegen.

Volltreffer gibt es in jedem Fall auch reichlich, vom mobilen 15-Personen-Kunstmesse-Mini-Comedy-Nightclub „Club Nutz" von Scott und Tyson Reeder bis hin zu architektonisch inspirierten Arbeiten wie die wunderbaren „Memory Palaces" von Susan Giles – Gebäude-Modelle, die Schwerkraft und Logik der Komposition außer Kraft setzen. Zu sehen sind diese Arbeiten bei Kavi Gupta, der auch zu den Organisatoren von Next zählt. Newcomer Angel Otero, ebenfalls bei Kavi Gupta, gilt als die große Entdeckung und Hoffnung der Chicagoer Kunstszene. Dass er seinen großen Durchbruch bei der Artropolis erlebte, gilt als Zeichen dafür, dass der Messestandort Chicago noch lebt.
www.nextartfair.com

Kavi Gupta präsentierte auf der Next 2010 Susan Giles' Werke über Erinnerung und Architektur. In ihren Papierarbeiten ordnet Giles Gebäudeteile in neuen Konstellationen an, die sich allen Gesetzen der Natur und der architektonischen Logik widersetzen.

Susan Giles: Memory Palace III. 2010.
Paper, 66 x 53 x 58 cm.

ART AMSTERDAM

Fix kann es gehen: So berichtet der Galerist Wim van Krimpen, wie er 1982 beim Direktor des Messebetreibers RAI vorsprach. „Ich mache Ihnen eine fantastische Kunstausstellung", kündigte er an. „Die einzige Bedingung ist: Ich will keine Miete zahlen." Und der RAI-Chef erwiderte: „Das ist ein unverschämter Vorschlag. Lassen Sie uns das machen." Drei Jahre später hatte Amsterdam eine eigene Kunstmesse.

In den Niederlanden gab es damals nur rund 60 zeitgenössische Galerien und damit praktisch kaum eine Grundlage für eine kommerzielle Kunstplattform. Funktionieren konnte die Idee van Krimpens also nur, wenn internationale Galerien gewonnen würden. Es gelang. Der Start 1985 fand nicht nur internationalen Zuspruch, sondern stieß auch auf das Interesse von gut 15.000 Besuchern.

Ab 1992 spaltete sich das Bild: Während die Besucherzahlen stetig auf bis zu 28.000 Personen stiegen, ging das internationale Profil der Messe verloren. Auch inhaltlich verlor die Schau an Kontur. Als die neue Chefin Anneke Oele 2002 die Art Amsterdam aus der Bedeutungslosigkeit holen sollte, musste sie zunächst wieder ein klares Profil herstellen. Rigoros wurden Kunsthandwerk, Design und Schmuck aus dem Angebot ausgesiebt.

Links
Der Niederländer Koen Vanmechelen experimentiert in seinem „Cosmopolitan Chicken Project" seit Jahren mit der Kreuzung von Hühnerrassen. Seine Suche nach dem „perfekten" Huhn, das alle Genmerkmale vereint, lieferte 2010 einen tiefgründigen Beitrag zur gesellschaftlichen Debatte.

Koen Vanmechelen: Mechelse Cochin Desire. 2003. Duratrans photo, iron, light, 180 x 130 cm.

Oben
Auf der Art Amsterdam 2010 waren viele neue Galerien vertreten, insbesondere aus dem Ausland. Die Vegas Gallery aus London legte sich mit einer Performance von Bliss richtig ins Zeug.

Bliss: Performance. 2010. Vegas Gallery London.

Arik Levys Beitrag für „No Holds Barred". Der neue Bereich für experimentelle Positionen hat das Publikum beim Debüt 2010 überzeugt.

Arik Levy:
Personal Disorder Social Codes. 2010. Axes, wood, ca. 290 x 290 x 290 cm.

Das Jahr der Soloshows

Als Königin Beatrix zum 25. Jubiläum der Messe kam, konnte sie sich davon überzeugen, dass Oele ihren Auftrag erfüllt hatte. Die Messe präsentierte sich hell und aufgeräumt, mit einer entspannten Atmosphäre, die sie bis heute von ihren Wettbewerbern abhebt. Oeles Coup zum Jubiläum: Alle Galerien waren angewiesen, ausschließlich Soloshows zu zeigen. „Diese Messe war ein ganz besonderes Ereignis", erinnert sich Edo Dijksterhuis, damals Kulturjournalist, wenig später bereits selbst Chef der Art Amsterdam.

Kritisch beäugte das Feuilleton, wie Messeneuling Dijksterhuis sich schlagen würde. Schnell machte er klar, dass ihm nicht an Bestandswahrung gelegen war: „Die Art Amsterdam wird immer noch als eine feine, alte Dame wahrgenommen." Gemeinsam mit den Kultureinrichtungen vor Ort verabreichte er der Messe eine Frischzellenkur. Das Kulturfest „Art in Amsterdam" vernetzte die Messe und ihre Umgebung, außerdem wurden mehr als 30 Kunstmuseen, -vereine und Stiftungen auf die Messe geholt. Bei einigen Galeristen kam das nicht gut an. Sie sahen den kommerziellen Charakter der Messe beeinträchtigt.

Platz für neue Ideen

Andere Neuerungen wurden einhellig gelobt, so die neu eingeführte Sonderschau „No Holds Barred": Im Herzen der Ausstellung können die Galerien ihre unkonventionellsten und innovativsten Ideen ausleben, die einzig die Bedingung erfüllen müssen, nicht mehr als fünf mal fünf Meter zu füllen.

Die Art Amsterdam braucht aber mehr als nur innovative Inseln, sie muss insgesamt mehr Mut zur Konfrontation aufbringen – allein schon, um sich im lokalen Wettbewerb der innovativen Art Rotterdam zu behaupten. Kritiker und Kommentatoren empfanden die Amsterdamer Kunstschau zuletzt als zu gleichförmig, zu dekorativ und alles in allem zu sehr im Rahmen des „bürgerlichen Anstands".

Herausragend in jüngster Zeit: Greg Colsons Empfehlungen zur Konversationsvermeidung im Flugzeug, gezeigt bei Art Affairs. Witzig und geistreich, ist das Werk aber eher ein Insider-Witz für Sammler und Business People mit prall gefüllten Bonusmeilenkonten als ein Anstoß zur Debatte. Venice Projects zeigte Koen Vanmechelens „Cosmopolitan Chicken Project", in dem er seit Jahren Hühnerrassen miteinander kreuzt und dadurch immer neue Rassen schafft. Das Werk regt zu Fragen an – allerdings verliert sich solch ein komplexes Projekt schnell im hohen Tempo einer Kunstmesse.

Tempo und Konfrontation, niederländische Gelassenheit und die eigene, besondere Atmosphäre: Das Finden der richtigen Balance ist eine ständige Herausforderung für die Macher der Art Amsterdam.

Greg Colson bot 2010 auf der Art Amsterdam dem vielreisenden Kunstsammler eine Entscheidungshilfe bei der Konversationsvermeidung im Flugzeug an.

Greg Colson: In-Flight Contact Avoidance. 2009. Acrylic and pencil on wood panels, diameter 125 cm.

Stadt	Amsterdam
Veranstaltungsort	Amsterdam RAI
Datum	Mai
Gegründet	1984 Gründung von KunstRAI 1994 Gründung der Art Amsterdam 1996 Fusion beider Messen 2006 Umbenennung in Art Amsterdam
Schwerpunkte	Internationale zeitgenössische Kunst.
Galerien	129
Besucher	22.000
Rahmenprogramm	No Holds Barred: Sonderschau mit „Freigeistigem, Einmaligem und Spektakulärem". Club C: Kunstsammlerprogramm mit Vorträgen, Diskussionen und Symposien in Lounge-Atmosphäre. Thieme Art Award: Sonderpreis für Newcomer. Die Gewinner erhalten unter anderem einen 25-Quadratmeter-Stand auf der nächsten Art Amsterdam. Art in Amsterdam: Stadtweites Kulturprogramm begleitend zur Art Amsterdam.
Leiter	Edo Dijksterhuis
Internet	www.artamsterdam.nl

ART HK

Johannes Pong, Kolumnist des HK Magazins, ist in Rage. Da war diese Frau auf der Art-HK-Vernissage, die ihn permanent ansprach. Habe er denn auch vor, Kunst zu kaufen? Wenig später: Habe er denn schon etwas gesehen, das er kaufen wolle? Und nochmals nach einiger Zeit: Er möge doch bitte Bescheid geben, sobald er plane, etwas Bestimmtes zu kaufen. Die nervöse Kaufstimmung im Umfeld der Art HK zeigt: Die Zeichen am asiatischen Kunstmarkt stehen auf Aufbruch. Die Sammler lassen keinen Zweifel daran, dass sie fest entschlossen sind, in Kunst zu investieren, was das Zeug hält.

Im Kampf um die Verteilung des asiatischen Kunstmessemarkts ist das letzte Wort nicht gesprochen. Wenige Jahre schien Schanghai mit der ShContemporary die Nase vorn zu haben. Peking gilt als schlafender Riese, der schon längst stärker wäre, wenn die beiden dortigen Messen einander nicht den Wind aus den Segeln nehmen würden. Und in Singapur ist die Regierung fest entschlossen, die nötigen Mittel in ein Kunstmesseprojekt zu pumpen, das den Stadtstaat an die Spitze der asiatischen Messestandorte bringen soll.

Hongkong: In drei Jahren an die asiatische Spitze

Hier und jetzt hat aber Hongkong die Nase vorn. Die Art HK ist das unbestrittene Muss-Event für Sammler aus China, Korea, Taiwan, Japan und Singapur, ja selbst aus Australien –

Links
Die Art HK hat eine Reihe von international führenden Galerien an sich binden können. Hauser & Wirth präsentierte sich 2010 mit Werken von Subodh Gupta.

Subodh Gupta: Cosmos VIII. 2009. Oil on canvas, ca. 198 x 213 x 4 cm.

Oben
Mit viel Selbstironie spielt das Messedesign der Art HK 2010 mit der Alltags-Ästhetik und den Klischees der Stadt. Die Ticketschalter im Eingangsbereich der Messe sind mit dem Bild eines Zierfischhandels in quietschigen Neonfarben geschmückt.

Mu Boyans „Nude No. 2" empfing die Gäste der Art HK 2009. Das Werk zählte zu den meistfotografierten Stücken dieses Jahres – in den Medien wurde der nackte Mann als *das* Bild von der Messe präsentiert.

Mu Boyan: Nude No. 2. 2006–2007. Resin sculpture, 263 x 144 x 207 cm.

ein Status, den die Messe in gerade einmal drei Jahren ihres Bestehens erworben hat. Und einiges spricht dafür, dass Hongkong diese Stellung wird halten können.

Hongkong ist gemessen an Auktionsumsätzen der weltweit drittgrößte Kunstmarkt nach New York und London. Begünstigt wird dies durch den Umstand, dass die Stadt an der südchinesischen Küste keinerlei Steuern auf Kunstexporte und -importe erhebt. Vergleicht man diese Steuerbefreiung mit den 34 Prozent, die im übrigen China erhoben werden, wird unmittelbar klar, dass Peking und Schanghai nicht nur konzeptionelle, sondern vor allem fiskalische Hürden überspringen müssen, wenn sie zu Hongkong aufschließen wollen.

Die Londoner White Cube Gallery ist einer der großen Namen, die auf Hongkong setzen. Bereits 2009 zeigte sie Werke von Antony Gormley, der im Folgejahr persönlich auf die Art HK kam. Der Kunstszene in Hongkong sprach Gormley ein großes Potenzial zu.

Antony Gormley: Bodies In Space VII. 2008. Forged ball bearings, 200 x 95 x 70 cm.

Acht Käufe an einem Tag

Die Stärke des Marktes ist unübersehbar. Hongkong zählt zu den wenigen Standorten, bei denen auch im zeitgenössischen Bereich Verkäufe oberhalb der Millionengrenze erzielt werden. So konnte die Londoner White Cube Gallery 2010 Damien Hirsts „The Inescapable Truth" für 2,6 Millionen US-Dollar verkaufen. Das Werk – das erste von Hirsts Formaldehyd-Werken überhaupt, das in China ausgestellt wurde – sollte auf der Art HK eigentlich nicht den Besitzer wechseln, stieß aber auf so großes Interesse, dass sich White Cube zum Verkauf an den chinesischen Sammler Thomas Shao entschied. Dies war eine von insgesamt acht Erwerbungen, die sich Verleger Shao auf der Art HK 2010 gönnte – beeindruckender könnte die Dynamik am chinesischen Markt kaum illustriert werden. Seine Party war eines der Highlights unter den Randereignissen der Messe – und Shao ohne Frage der Mann der Stunde.

Die Abschlüsse sind beeindruckend: „Green Wall – Husband and Wife" von Zhang Xiaogang fand bei der Pace Gallery für eine Million US-Dollar einen Abnehmer, Sean Scullys „More Light" brachte 750.000 US-Dollar ein, mehrere Liu-Wei-Arbeiten zu je circa 600.000 US-Dollar und einige Arbeiten von Yoshitomo Nara im Wert von bis zu 350.000 US-Dollar gingen allein 2010 nach China, Taiwan, Indonesien und Singapur. „Teresa Teng", ein kleines Bild der chinesischen Sängerin von Liu Ye, konnte Sperone Westwater bereits in der ersten Stunde der Preview erfolgreich für 120.000 US-Dollar veräußern.

Ohne Frage: Art HK-Chef Magnus Renfrew hat Großes geleistet. Ihm ist es gelungen, einen Standort mit denkbar guten Rahmenbedingungen mit Leben zu füllen. Sein inhaltliches Konzept geht auf: Ein spürbar asiatisches Profil wird mit einer Reihe internationaler Top-Galerien ergänzt. Das Angebot erreicht so eine Qualität, die nirgendwo anders zu sehen ist.

Nein, man muss nicht begabt sein

Es ist erfrischend, dass die Art HK sich nicht auf die naheliegende, zahlungskräftige Käuferschicht konzentriert, sondern energisch darum bemüht ist, neue Interessenten an die Kunst heranzuführen. Angenehm fällt das große Engagement für Kinder und Jugendliche auf, die durch die Kunstschau geführt und mit Arbeitsmaterialien ausgestattet werden. Viele Youngster streifen alleine durch die Messe und schreiben aufmerksam Notizen in ihre Unterlagen.

Sperone Westwater konnte eine Reihe von Werken Liu Yes verkaufen. Eine vielbeachtete, kleinformatige Arbeit zeigt die chinesische Sängerin Teresa Teng. Das Werk wurde bereits in der ersten Stunde der Preview 2010 für 120.000 US-Dollar verkauft.

Liu Ye: Teresa Teng. 2009. Acrylic on canvas, 40 x 30 cm.

Natürlich gilt der Eifer der Organisatoren auch den Erwachsenen. Man will eine neue Generation von Sammlern heranziehen, aber auch ganz allgemein den Zugang zur zeitgenössischen Kunst eröffnen. Dies scheint richtig und wichtig in einem Markt, in dem Kunstkäufe primär als Investition und nicht als Herzensentscheidung gesehen werden. Hier kann man dann ruhig auch mal fundamentale Fragen anpacken, die man in dieser Form nicht in den Rahmenprogrammen anderer Messen findet. In der Intelligence Squared Debate, einem Oxford-Style-Diskussionsformat, diskutierte man 2010, ob man besondere Begabungen besitzen müsse, um ein großer Künstler sein zu können. Der Künstler Antony Gormley, bei dem die Frage nach der außerordentlichen Begabung nicht gestellt werden muss, und Tim Marlow von White Cube vertraten die Position: Nein, besondere Fähigkeiten sind nicht nötig. Bestseller-Autorin Sarah Thornton und Hans Ulrich Obrist von der Serpentine Gallery hielten dagegen. Eine erfrischende Diskussion. Wie es sich bei einem Debattierklub an einer ehrwürdigen englischen Universität gehört, findet abschließend eine Abstimmung statt, deren Ergebnis hiermit zu Protokoll gegeben sei: 248 zu 157 Gäste sprachen sich dafür aus, dass man keine besonderen Begabungen benötige, um als Künstler groß zu werden. Was immer dieses Ergebnis bedeutet, es dokumentiert in jedem Fall, welch großen Publikumszuspruch solche Veranstaltungsformate in Hongkong finden.

Die Art HK hat es geschafft, eine vibrierende, enthusiastische Stimmung unter Galeristen und Sammlern mit einem gesellschaftlich und von den Altersgruppen her breit gemischten Publikum zusammenzubringen und das alles an einem wunderbaren Ort zu vereinen. Das Hong Kong Convention and Exhibition Centre ist neu, spektakulär und mit seiner Lage auf einem Stück Land, das man dem Victoria Harbour abgetrotzt hat, ungemein schön gelegen. Die Messe bringt alles mit, um groß zu werden. Sie ist binnen kürzester Zeit gewachsen und tritt nun in die Reifephase – und die bringt erfahrungsgemäß ihre eigenen Herausforderungen mit sich.

Großer Andrang bei der Messevernissage. Auf der Art HK 2009 stach unter anderem Konstantin Bessmertnys hölzernes Renaissance-Pferd heraus. Bereits im Vorjahr waren bei der Galerie Amelia Johnson Contemporary Bessmertnys Gemälde in Windeseile verkauft worden.

Konstantin Bessmertny: Monument to Anyone. 2009. Wood Sculpture with metal and acrylic support, 5 x 5 x 5 m.

Stadt	Hongkong
Veranstaltungsort	Hong Kong Convention and Exhibition Centre
Datum	Mai
Gegründet	2008
Schwerpunkte	Asiatische und internationale Moderne und zeitgenössische Kunst.
Galerien	155
Besucher	46.000
Rahmenprogramm	SCMP Art Futures: Sonderbereich mit Galerien, die weniger als fünf Jahre am Markt sind. AAA Backroom Conversations: Tägliche Events, Diskussionsveranstaltungen und Filmvorführungen in Zusammenarbeit mit dem Asia Arts Archive. Intelligence Squared Debate: Öffentliche Debatte im Stil englischer Debattierklubs, in der sich die Redner für bzw. gegen eine kontroverse These aussprechen. Artists Talks: Rund 30 ausgestellte Künstler erklären ihre Arbeit. Performances: Kuratierte Performance-Sektion. Schools & Youth/Colour My World: Programm für Kinder und Jugendliche. New to Buying Art Tour: Seminar und interaktive Führung für potenzielle Sammler. Hong Kong Art Week: Gemeinsam mit der Region Hongkong werden künstlerische Aktivitäten in der ganzen Stadt ausgerichtet.
Leiter	Magnus Renfrew
Internet	www.hongkongartfair.com

ART BASEL

Er schlendert durch die Gänge, lässt den Blick mal nach links, mal nach rechts schweifen, bleibt stehen, schaut sich ein Gemälde von Nahem an. Lange Zeit betrachtet er das Werk „Etappe" von Neo Rauch, jenem Mitbegründer der Leipziger Schule, die den Aufbruch der ostdeutschen Kunst nach dem Fall der Mauer markiert. Noch einmal geht er auf und ab, schaut immer wieder mit kritischem Blick auf das Bild, bevor er weitergeht: Brad Pitt beim Kunstkauf auf der Art Basel. Gefolgt von einem Tross Journalisten.

Der hölzerne „Torre de Málaga" war auf der Art Basel 2009 für recht moderate 430.000 Euro zu haben. Den Turm hatte Yoshitomo Nara ursprünglich eigens für eine Ausstellung im Kunstzentrum CAC in Málaga geschaffen.

Yoshitomo Nara: Torre de Málaga. 2007. Wood tower with paintings and mixed media, 800 x 448 x 350 cm.

Links
Die „Loop Bench" des Dänen Jeppe Hein sorgte 2009 auf dem Vorplatz der Messe für viel Spaß unter den Zuschauern. Das Werk war für die Berliner Galerie Johann König ein großer Erfolg und fand schnell einen Käufer.

Jeppe Hein: Loop Bench. 2006. Powder-coated galvanised steel, 1300 x 1800 x 120 cm.

Ohne Frage: Die Art Basel ist ein Phänomen, das seinesgleichen sucht. Sie ist die größte, spektakulärste und die wohl einzige Messe, an der man teilnehmen *muss*, wenn man zum Kreis der führenden Galerien gehören will. Mittlerweile eine stolze Ü40erin, zeigt sie keine Zeichen von Midlife-Crisis. Sie ist die unbestrittene Königin der Messen – die „New York Times" geht sogar so weit, sie als „den Heiligen Gral" der zeitgenössischen Kunstmessen zu bezeichnen.

Zu Recht, denn hier ist der Ort, an dem als erstes das Korsett einer reinen Verkaufsveranstaltung durchbrochen wurde und an dem die Messe zu einer Show, zu einem Event, zu einem Ort des Gesprächs und des Austauschs wurde, und nicht zuletzt zu einem Treffpunkt für Galerien, Künstler, Sammler und Kunstinteressierte aus aller Welt.

Brad Pitt beim Kunstkauf auf der Art Basel 2009.

Die Art Basel: ein Gütesiegel

Der Gründungsmythos besagt, die Art Basel sei 1970 als Gegenkonzept zur Art Cologne entstanden. Das elitäre Aufnahmeverfahren sei den Baseler Abtrünnigen aufgestoßen. Erstaunlich ist das, wenn man bedenkt, dass die Messe heute diejenige mit den höchsten Zulassungshürden überhaupt ist. Weit mehr als 1.000 Galerien wollen Jahr für Jahr einen der begehrten, knapp 300 Plätze ergattern. Und wer einmal drin ist, geht auch nicht freiwillig wieder raus. Wer dabei war und im Folgejahr vom Komitee nicht berücksichtigt wird, kommt in Erklärungsnot gegenüber seinen Künstlern und Kunden. Der Stempel „Art Basel" ist ein Gütesiegel.

Das ist fantastisch für die Messe, setzt sie aber auch unter Druck. Wenn sich alle an die Kunstschau klammern, wer sorgt dann für die neuen Impulse, für den neuen Wind? Die Nebenmessen der Art Basel, allen voran die Liste, erledigen hier einen herausragenden Job.

Die Art Basel wäre aber nicht so erfolgreich, wenn sie dieses Feld allein anderen überlassen würde. So setzt man ganz bewusst auf junge Positionen und bietet Galerien, die neu am Markt sind, den Raum, sich in den „Art Statements" mit einem einzelnen Künstler in einer Soloschau zu präsentieren.

Diese Gelegenheit wird von vielen Galerien genutzt, um sehr dezidierte Highlights zu setzen – die dann bisweilen ein wenig unter den Druck geraten, neben den anderen spektakulären Angeboten zu bestehen. So präsentierte die Galería Nogueras Blanchard aus Barcelona 2008 ein Werk von Wilfredo Prieto, bestehend aus 30 Millionen kleinen Glassteinen – und einem echten Brillanten. Ein Besucher im Rollstuhl verstand dieses Konzept offenbar als Suchspiel und lenkte sein Gefährt immer und immer wieder durch den Steinhaufen in der Hoffnung, der Brillant träte zutage. Tat er nicht. Und der anwesende Prieto trug behutsam alle bunten Glassteinchen wieder zusammen – fast alle jedenfalls.

Mit dem „Art Parcours", einer der zentralen Neuerungen in Basel nach Übernahme der Messe durch das Direktorenduo Annette Schönholzer und Marc Spiegler im Jahr 2008, sucht die Messe nun auch die Tuchfühlung mit der Stadt. Sei es auf der Bühne im Baseler Theater mit einer von 17 Künstlern unter der Regie von Hans Ulrich Obrist und Philippe Parreno geschaffenen Kunstoper, sei es in der reichhaltigen Museenlandschaft der Stadt, sei es mit Site-specific Works an besonderen Orten und Plätzen der Stadt: unter anderem im Baseler Münster, im Naturkundemuseum, in der Universität oder gar auf einer Rheinfähre.

Schließlich die Entscheidung: Pitt erwarb Neo Rauchs „Etappe" bei der New Yorker Galerie David Zwirner.

Neo Rauch: Etappe. 1998. Oil on linen, 200 x 300 cm.

Der Vorplatz der Baseler Messe ist alljährlich Präsentationsplattform für große Skulpturen. 2009 sorgten General Ideas „AIDS“-Skulptur (vorne) und Valentin Carrons „Fosbury Flop“ für angeregte Diskussionen.

General Idea:
AIDS Sculpture. 1989.
Varnished metal sculpture.
Edition 3 + 1 AP, AP 1/1,
ca. 2 x 2 x 1 m.

Valentin Carron:
Fosbury Flop. 2009.
Wood, steel, paint,
ca. 11 x 6 x 1 m.

Ein Mekka für Sammler und Künstler

Der Kern der Messe bleibt allerdings der Verkauf. Hier setzt die Art Basel Jahr für Jahr Maßstäbe. Als Faustregel gilt: Im Obergeschoss wird Junges und Neues angeboten, unten die Etablierten der Moderne. Der Besucher muss dabei Prioritäten setzen, denn alle Bereiche zu durchforsten, ist ein schier unmögliches Unterfangen. Wer es dennoch versucht, wird erleben können, dass am Anfangspunkt die bereits besichtigten Kojen mittlerweile umgehängt wurden. Das kann gerade in den Auftakttagen der Messe im 24-Stunden-Takt geschehen. War da mal eine Krise? Hier in Basel merkt man jedenfalls nicht viel davon.

Unter den Gästen findet sich das Who is Who der internationalen Sammlerszene: Die bekannten amerikanischen Sammler Don und Mera Rubell trifft man hier ebenso selbstverständlich an wie den russischen Milliardär Roman Abramowitsch. Messesponsor NetJets ist permanent unterwegs, um weitere Topsammler per Jet in das beschauliche Basel einzufliegen.

Selbstverständlich stellt solch ein Umfeld auch einen Pflichttermin für die erste Garde der Künstler dar: Doug Aitken, Kader Attia, Carol Bove, Christo, Yona Friedman, Douglas Gordon, Rodney Graham, Susan Hiller, Joseph Kosuth, Paul McCarthy, Richard Phillips, Michelangelo Pistoletto, Ugo Rondinone und Lawrence Weiner – um nur eine kleine Auswahl der Gäste von 2009 und 2010 zu nennen. Und natürlich Museumsdirektoren wie Thomas Campbell vom Metropolitan Museum of Art, Glenn Lowry vom Museum of Modern Art (MoMA) oder Richard Armstrong von der Solomon R. Guggenheim Foundation. Mehr als 60 internationale Museen geben sich in Basel ein Stelldichein.

Es gibt sie noch – die Verkäufe in der Millionenklasse

Das erzeugt einen klaren Erwartungsdruck auf die Galerien, die wissen, dass Großes und Spektakuläres genauso gefragt ist wie Werke von musealem Kaliber. Auch wenn der Trend

Stephan Balkenhols „Universe“ gehört zu jenen raumgreifenden, in diesem Fall annähernd Tennisplatz-großen Arbeiten, die in der „Art Unlimited“-Sektion ihre ideale Plattform finden. Das Werk wurde 2010 von der Züricher Mai 36 Galerie für 1,2 Millionen Euro angeboten und fand gleich mehrere Interessenten.

Stephan Balkenhol: Universe. 2008.

Auf der Art Basel 2008 wurde „Silence in Stereo" des in Berlin lebenden britischen Künstlers Jonathan Monk gezeigt.

Jonathan Monk:
Silence in Stereo. 2008.
Dyptich, acrylic on canvas,
200 x 250 cm.

verstärkt zur Moderne und weniger gewagten Arbeiten geht, werden im zeitgenössischen Bereich weiterhin gute Preise oberhalb der 500.000 Euro erzielt. Barbara Krugers Fotografie „Are we having fun yet" aus den späten Achtzigern ging bei der New Yorker Skarstedt Gallery bereits am Vernissage-Abend 2010 für 700.000 US-Dollar an einen unbekannten Auftraggeber aus New York, und Hauser & Wirth verkaufte fünf Zwerge aus Paul McCarthys „Snow White"-Serie für beachtliche drei Millionen US-Dollar an einen europäischen Sammler. Stephan Balkenhols weitläufige Holzskulpturengruppe „Universe" gab es bei der Schweizer Galerie Mai 36 für 1,2 Millionen Euro und fand gleich mehrere Interessenten. Und eine kleinere Bodenarbeit von Carl Andre erzielte bei der Jablonka Galerie atemberaubende 2,5 Millionen Euro – rekordverdächtig.

In diesem Kontext stellte sich Yoshitomo Naras ebenfalls 2009 gezeigte Holzhaus-Installation „Torre de Málaga" mit 430.000 Euro durchaus als Angebot mit gutem Preis-Leistungsverhältnis dar.

Die Nachfrage nach Werken von Louise Bourgeois zog nach dem bedauerlichen Tod der Grand Dame der Modernen Kunst erwartungsgemäß an: Xavier Hufkens verkaufte „A Baudelaire (#7)", eine Mixed-Media-Arbeit auf Papier, für satte 650.000 US-Dollar und die New Yorker Galerie Cheim & Read die bezaubernde, aus 28 roten Gouachen bestehende Gruppe „Les Fleurs" für 1,2 Millionen US-Dollar.

Das gleiche mit Sigmar Polke, der ebenfalls kurz vor der Art Basel 2010 verstarb: Die Michael Werner Gallery aus New York konnte Arbeiten von ihm binnen kurzer Zeit zu Preisen zwischen 450.000 und 1,5 Millionen US-Dollar an Sammler und institutionelle Käufer abgeben – sehr anständige Preise angesichts der Tatsache, dass Sterbenachrichten die Preise normalerweise schnell in die Höhe steigen lassen und Polke noch im Vorjahr mit vier jeweils drei mal fünf Meter großen „Cloud Paintings" zu insgesamt 8,5 Millionen Euro im Rennen war.

Also tatsächlich: Auch nach der Krise gibt es ihn noch, den Markt für die großen zeitgenössischen Käufe in der Millionenklasse, auch wenn die Sammler bedächtiger und überlegter geworden sind. Immer häufiger ist die Art Basel eine Durchgangsstation auf einem längeren Weg hin zum Kauf: Kontakte werden schon vor der Messe geschlossen und dann in Basel vertieft. Gekauft wird nicht selten erst später, in der Galerie. Die ohnehin mal unter-, mal übertriebenen Selbstangaben der Galeristen zu ihren Umsätzen auf der Messe verwischen sich damit erheblich.

In „Touch, rise and fall" lässt Aernout Mik das Kontrollverfahren an einem Flughafen aus den Fugen geraten und in einem grotesk-komischen Spiel enden. Die Videoarbeit 2008 wurde als Beitrag der Galerie Carlier Gebauer im Bereich „Art Unlimited" gezeigt.

Aernout Mik: Touch, rise and fall. 2008. Digital video on hard disc / two channel back screen projection. Edition of 5 + 2 a.p.

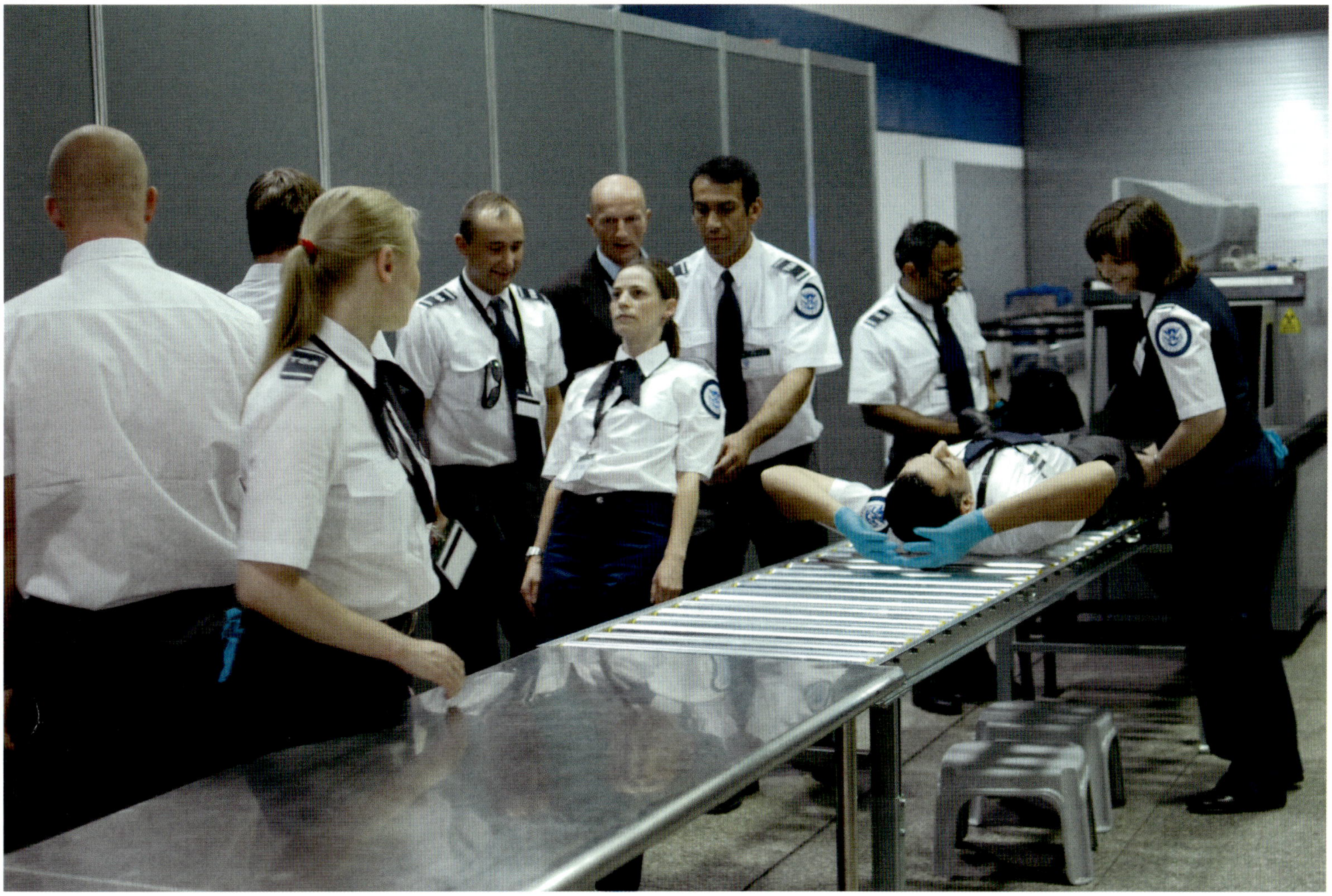

Mut zum Statement

Wichtig ist es für die Art Basel, auch klare künstlerische Statements abzugeben. Seit Jahren spielt hier der Bereich „Art Public" eine zentrale Rolle. Auf dem Vorplatz der Messe sind großformatige Arbeiten ausgestellt, die in vielen Fällen angeregt öffentlich diskutiert werden. Die „AIDS"-Skulptur der Künstlergruppe General Idea, ein Zitat von Robert Indianas berühmter „Love"-Skulptur, sorgte ebenso für Diskussion wie Valentin Carrons elf Meter hohes Jesuskreuz „Fosbury Flop", während die „Loop Bench" von Jeppe Hein vom Publikum in spielerischer Manier erobert wurde – die Bank war ein immenser Erfolg für den Art-Basel-Debütanten Johann König, der für 100.000 Euro einen Abnehmer für das Werk fand.

Ein anderer beliebter Bereich zum freien Spiel der künstlerischen Kräfte ist die „Art Unlimited", in der sich Künstler und Galerien befreit von der einzwängenden Koje ausleben dürfen. Das ist bisweilen beachtlich und beeindruckend, so wie bei Michelangelo Pistolettos 1969 entworfenem Raum, der komplett mit hochkant gestellten Wellpappebahnen gefüllt ist, zwischen deren mäandernden Formen sich schmale, labyrinthische Wege öffnen. Manchmal wirkt diese Freiheit auch eher etwas verstörend oder für manche sogar überflüssig, wie im Fall von Hans Op de Beecks 18 Meter langem Iglu auf der Art Basel 2009. Dort konnte man jeweils zu Dritt ein Schneepanorama bewundern, was durchaus ästhetisch ansprechend war, unter dem Strich aber kaum die monumentalen Ausmaße des Werks rechtfertigte.

Entscheidung zum Schluss

Nach einiger Zeit kehrt Brad Pitt zurück, die New Yorker Kunstexperten Eli und Edythe Broad im Schlepptau. Pitt solle selbstverständlich das Bild kaufen, rät Eli Broad. Sonst täte er es selbst. Das überzeugt den Hollywood-Star. Er kauft das Werk „Etappe" von Neo Rauch für eine knappe Million US-Dollar. Das fröhliche Ende eines Kunstkaufs und eines ganz normalen Messetages auf der wohl außergewöhnlichsten Kunstmesse der Welt.

Shaun Gladwell begleitete drei Wochen lang als „Official War Artist" Truppen in Afghanistan. Das Ergebnis, einen nachdenklichen Film voller menschlicher Einblicke und mit heiteren Augenblicken, zeigte die australische Anna Schwartz Gallery 2010 in der Art-Basel-Sektion „Art Features".

Shaun Gladwell: Figure/Firearm Study. 2010. Production still.

DIE NEBENMESSEN DER ART BASEL

Bis zu 20 Nebenmessen begleiten in wechselnder Konstellation die Art Basel. Jüngst sorgte das von der Antwerpener Kusseneers Gallery initiierte „The Solo Project" mit seinem Fokus auf „übersehene Werke und Strömungen" für Aufsehen. Die Verge Art Fair – einst Bridge Art Fair – ist seit 2009 mit in Basel dabei und residiert pittoresk auf einem Schiff rheinaufwärts von der Messe gelegen. Hinzu kommen einige weitere, teils kleinste Messen mit zehn und weniger teilnehmenden Galerien.

Einige der Nebenmessen sind bereits seit mehreren Jahren in Basel vertreten und fester Bestandteil des Messezirkus' in der Schweizer Rheinmetropole:

Liste – The Young Art Fair in Basel

Die Liste Basel ist eine der wenigen Nebenmessen, die qualitativ und inhaltlich so gewichtig ist, dass sie genauso gut als eigenständige Hauptmesse funktionieren würde. Es ist aber wohl ein glücklicher Umstand, dass sich die Liste als wendiges, unangepasstes Schnellboot neben dem Schlachtschiff Art Basel positioniert hat. Mit ihrem exzellenten Sinn für junge, wenig bekannte Galerien und die wichtigsten nicht-arrivierten Künstler hat sie sich als Entdeckermesse seit 1996 einen festen Platz nicht nur im Baseler, sondern auch im internationalen Messespektakel gesichert.

Aus internationaler Sicht ist die Baseler Kunstschau ein Bindeglied zwischen den jungen Messen anderenorts und den ganz großen Messen. Manche Galerie hat sich schon darüber gefreut, den Sprung von einer Satellitenmesse anderswo zur Liste geschafft zu haben. Von hier ist es nur noch einen Schritt hin zu den Blue Chips. Laut Messe-Chef Peter Bläuer haben 30 Prozent der jungen Art-Basel-Galerien früher bereits auf der Nebenmesse ausgestellt, und bei der Frieze Art Fair seien es sogar 70 Prozent.

Zu den Dauergästen der Liste gehören alle, die in der Kunstszene Rang und Namen haben. Spitzensammler wie Don und Mera Rubell kommen regelmäßig und haben hier ihre ersten Kontakte zu späteren Superstars wie Yoshitomo Nara oder Neo Rauch aufgebaut. Nara hatte damals noch seine Bilder selbst aus Deutschland zur Liste gebracht und saß brav neben Galerist Tomio Koyama am Messestand. Die New Yorker Sammler Susan und Michael Hort kauften hier Werke von Katy Schimert bei David Zwirner und Arbeiten von Elizabeth Peyton bei der Galerie neugerriemschneider aus Berlin.

Kein Wunder, dass sich Galerien um einen Platz bei der Liste reißen. Auf die gerade einmal rund 65 Plätze kommen weit über 300 Bewerber – eine Quote, von der viele große Messen nur träumen können.

Bei einem solchen Durchlauf an guten Namen mag es verwundern, dass es die Liste bis heute geschafft hat, ihr selbstgewähltes Attribut „jung" zu bewahren. Sie ist aufgeräumter und übersichtlicher geworden als einst, wo sie ein wenig Grabbeltisch-Atmosphäre ausstrahlte. Das tut ihr gut. Ansonsten gilt sie immer noch als unangepasst und überraschend, und Gott sei Dank ist sie bis heute ihren charmanten Räumlichkeiten in einer alten Brauerei treu geblieben.
www.liste.ch

Volta Show

Die über den Eigentümer MMPI mit der Armory Show in New York verbandelte Volta Show setzt ebenso wie die Liste Schwerpunkte auf neue Galerien und junge Künstler. Dabei gibt man sich allerdings etwas reifer und weniger anarchistisch. Dieser Anspruch äußert sich unter anderem im Auswahlkomitee, das ausschließlich mit Kuratoren besetzt ist.

Mit der Einführung des Formats Volta Solo hat sie sich in den letzten Jahren weiter an das erfolgreiche Soloschau-orientierte Konzept ihrer New Yorker Schwester angenähert.

Mit ihrem Standort in der Dreispitzhalle, die einen kargen und schroffen industriellen Charme versprüht, bewies die Volta ein gutes Händchen. Die Lage im prosperierenden Dreispitz-Areal profitiert von der benachbarten Kunstszene, zu der unter anderem das renommierte „Schaulager" gehört.

www.voltashow.com

Scope Basel

Nach ihrem Umzug in das Kulturzentrum Kaserne Basel nahe der Messe hat sich die Scope in das unmittelbare Umfeld der Art Basel begeben. Ihre Nische sucht die Scope Basel weiter darin, junge, zeitgenössische Spitzenpositionen mit starkem kuratorischem Willen handzuverlesen. Nicht ohne Erfolg: Die Scope Fair gilt als Labor, als Forschungs- und Entwicklungsabteilung des Baseler Messegeschäfts.

Soloschauen und thematische Gruppenschauen unter Beteiligung von rund 80 bis 90 Galerien dominieren das Bild der Messe, ergänzt durch Film-, Musik-, Theater- und Performance-Events in Kooperation mit den anderen Kultureinrichtungen in der historischen Kaserne.

www.scope-art.com

Hot Art Fair

Die Hot Art Fair gehörte bislang nicht zu jenen Nebenmessen, die man als Besucher der Art Basel auf dem Pflichtprogramm hatte. Mit ihrem Lateinamerika-Fokus galt die 2006 als „Balelatina" gegründete Messe zunächst als Nischen-Kunstschau.

Über die Jahre hat die Hot Art Fair ihren Schwerpunkt verschoben und präsentiert sich heute international und innovativ. Die Öffnung hin zu neuen Medien, alternativen Ausdrucksformen und allem, was jung, frech und gegen den Strich gebürstet ist, wird vom Publikum positiv aufgenommen.

Seit 2010 ist die Hot Art Fair in einem Parkhaus beheimatet. Dieses wurde eigens mit einer Installation des in New York lebenden peruanischen Künstlers Grimanesa Amorós verkleidet. Nun ist die Messe nicht nur fußläufig von der Art Basel zu erreichen, sondern fügt sich auch in einen architektonischen Rahmen ein, der modernistisch und klar ist und sich vom üblichen Messeflair abhebt.

www.hot-art-fair.com

Der in Brasilien lebende Mexikaner Héctor Zamora sorgt seit Jahren durch spektakuläre, raumgreifende Installationen für Aufmerksamkeit – von Zeppelinen, die sich in einer engen Gasse verkeilen, bis zu einer gewaltigen Anordnung, auf denen er die Terrasse eines Madrilenischen Kulturzentrums in einen kleinen Stadtteil aus Kartons verwandelt. Auf der Liste Basel 2010 präsentierte seine Galerie Labor aus Mexiko eine beeindruckende Rauminstallation aus Flugobjekten.

Héctor Zamora: Estado de tensión – dislocación (State of Strain – Displacement). 2009. Installation view.

Stadt	Basel
Veranstaltungsort	Messe Basel
Datum	Juni
Gegründet	1970
Schwerpunkte	Internationale Moderne und zeitgenössische Kunst.
Galerien	303
Besucher	62.500
Rahmenprogramm	Art Feature: Sonderprogramm mit Solopräsentationen, Interventionen und Themenausstellungen. Art Statements: Bereich für junge Galerien, die jeweils einen einzelnen Künstler vorstellen. Art Unlimited: Ausstellungsplattformen für Video, großformatige Installationen und Skulpturen, Live Performances. Art Edition: Verleger präsentieren ihre Ergebnisse aus der Zusammenarbeit mit Künstlern. Art Public: Kunst im öffentlichen Raum auf dem Vorplatz der Messe und in Seitenstraßen. Art Film: Filmprogramm mit Künstlern und über Künstler. Art Magazines: Sonderbereich für Kunstmagazine. Artists Books: Themenschau zur Kunstliteratur. Artists Records: Themenschau zur Rolle der Vinylplatte in der Kunst. Off Press: Sonderbereich für Kunstdrucker. Art Basel Conversations: Gesprächsreihe über das Sammeln und Ausstellen von Kunst. Art Salon: Sonderprogramm mit Diskussionen, Panels und Signierstunden in informeller Atmosphäre. Art Basel Weekend: Sonderprogramm der ausstellenden Galerien für Kuratoren, Künstler, Kunstwissenschaftler, Sammler und Kritiker. Art Parcours: Eingeladene Künstler realisieren an verschiedenen Orten der Stadt speziell für diese Orte konzipierte Arbeiten.
Leiter	Annette Schönholzer und Marc Spiegler
Internet	www.artbasel.com

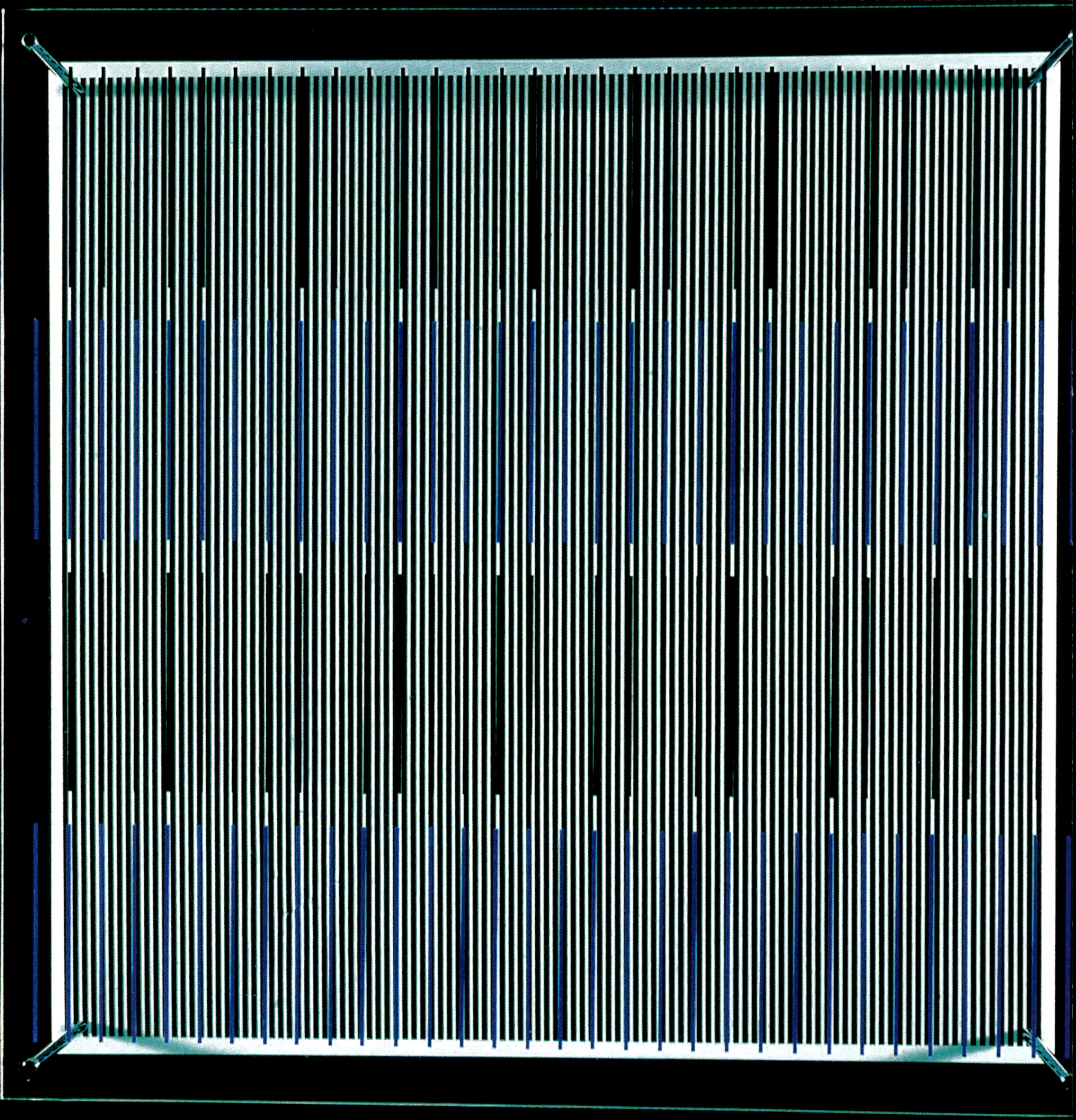

ARTEBA & ARTECLASICA

Im argentinischen Spätherbst überrollen zwei gigantische Kunstereignisse die Hauptstadt Buenos Aires: Wenn die Kunstmesse ArteBA die Pforten öffnet, werden diese in nur fünf Tagen von über 120.000 Menschen passiert. Nur wenige Wochen später folgt die „kleinere" und jüngere Arteclasica. Auch sie bringt es auf beachtliche 40.000 Besucher.

Das argentinische Multitalent Silvio Fischbein hat sich seit den Sechzigerjahren auch als bildender Künstler einen Namen gemacht. Sein Markenzeichen sind seine setzkastenähnlichen Gebilde, gefüllt mit Miniaturbabys, die er 2008 auf der Arteclasica zeigte.

Silvio Fischbein: Untitled (Cod. 002). 2003. 40 x 40 cm.

Die ArteBA wird von einer Stiftung getragen, die sich gezielt dafür einsetzt, eine Sammlerszene in Argentinien zu entwickeln. Wer heute nach Buenos Aires oder auch zur Arco nach Madrid geht, wird erkennen, wie weit diese Szene bereits gediehen ist. Mit dem Einrichten der Sonderschau „Chandon's Young Quarter" hat die Messe zudem maßgeblich das Profil und die Sichtbarkeit der jungen Künstlergeneration gestärkt. Es wird nicht nur das übliche „emerging artists"-Element in Szene gesetzt, sondern auch das Kunstbild der jungen Generation gespiegelt. Also gibt es Grafik-Design, Streetart, Installationen und Neue Medien. Interessanterweise

Links
Die chilenische Galerie Artespacio brachte 2010 eines der mit Licht und optischen Eindrücken verblüffenden Werke des 2005 verstorbenen Künstlers Jesús Rafael Soto mit auf die ArteBA.

Jesús Rafael Soto: Tes azules y negras. 1979. Serigraphy on Plexiglas, 50 x 50 x 12 cm.

klingelten gerade in dieser Sektion zuletzt die Kassen, während im Kernbereich der Kunstschau eher kleinere, preiswerte Werke weggingen.

Volksfest und Top-Messe

Eine zweite Besonderheit der ArteBA: Sie widmet sich einzig und allein der lateinamerikanischen Kunst. Die Messe lässt keinen Augenblick daran zweifeln, dass es ihr um die Vermittlung zeitgenössischer Werke und nicht um den erzielten Profit geht. Frisch und mutig präsentiert sich die Messe ihren vielen Gästen – von denen die wenigsten zum Kaufen kommen. Die Schau kommt vielen wie eine Mischung aus einer Kunstausstellung für jeden und einer gut kuratierten internationalen Messe vor.

Die ArteBA versucht seit längerer Zeit, stärker nach Norden zu blicken, doch noch immer hapert es an der internationalen Beteiligung. Kleine Achtungserfolge gibt es, so wie 2009 bei der Galerie Zavaleta Lab, wo der Autobauer Mercedes Benz Marcela Moujáns „La Pampa 1" für die exzellent und prominent besetzte Unternehmenssammlung erwarb. Der Trend ist also verhalten positiv, aber auch bedroht durch Konkurrenzmessen wie die Zona Maco in Mexiko Stadt, die zuletzt kometenhaft in die internationale Top-Liga aufgestiegen ist, oder die SP-Arte in São Paulo. Zudem gibt es zunehmend Formate wie die Pinta in New York, die lateinamerikanische Kunst in der amerikanischen Metropole an internationale Sammler bringt.

Der chilenische Künstler Iván Navarro überzeugt mit seiner stark formalisierten Kunst, die sich auf Alltagsgegenstände und fluoreszierendes Licht stützt. Mit seiner Installation „Die", die auf der ArteBA 2010 gezeigt wurde, bezieht er sich auf die gleichnamige Skulptur von Tony Smith aus dem Jahre 1962. Im Inneren des schwarzen Kubus wird der fluoreszierende Schriftzug „Die" durch Verspiegelungen scheinbar über die Grenzen des Kubus hinaus in das Unendliche verlängert.

Iván Navarro: Die. 2009. Wood, neon, mirror, one way mirror and electric system, 122 x 122 x 122 cm.

Arteclasica sucht den Brückenschlag

Nur wenige Wochen nach der ArteBA geht in Buenos Aires mit der Arteclasica die zweite Messe an den Start. Seit 2004 am Markt, ist sie weniger etabliert und mit 40.000 Besuchern überschaubarer als die 1991 gegründete größere Kunstschau. Im Gegensatz zu der sehr fokussierten ArteBA setzt die Arteclasica auch auf die Klassiker der Moderne und versucht, Brücken zu anderen Märkten zu schlagen. Mit dem Programm „Meeting Cultures" werden Schlaglichter unter anderem auf Japan, die post-sowjetischen Staaten oder die Länder der arabischen Welt und Westafrikas geworfen.

Die Arteclasica gedeiht, und obwohl die Termine beider argentinischer Messen immer näher zusammengerückt sind, scheint es Platz für beide zu geben. Der Markt wächst, und der Radius der Messen nimmt beständig zu.

Vergleicht man jedoch diesen lateinamerikanischen Boom mit jenem, den man aktuell in China oder Indien erlebt, ist zu erkennen, wie viel Entwicklungspotenzial noch in diesen Märkten steckt.

ArteBA

Stadt	Buenos Aires
Veranstaltungsort	La Rural Stadium and Exhibition Hall
Datum	Ende Mai bis Anfang Juli
Gegründet	1991
Schwerpunkte	Lateinamerikanische Moderne und zeitgenössische Kunst.
Galerien	90
Besucher	125.000
Rahmenprogramm	Chandon's Young Quarter: Sonderschau mit jungen Künstlern. Ein Teilnehmer erhält den Nachwuchspreis En Obra. Prime Time: Diskussionsveranstaltungen mit Kunstkritikern, Kuratoren und anderen Experten. Petrobras Prize: Fünf Künstlern bzw. Projekten wird es ermöglicht, auf der ArteBA auszustellen. Unter diesen wird ein Hauptpreis ausgelobt. Arcos Dorados: Lateinamerikanischer Malerpreis.
Leiter	Facundo Gómez Minujín
Internet	www.arteba.org

Arteclasica

Stadt	Buenos Aires
Veranstaltungsort	Costa Salguero Exhibition Center
Datum	Juli
Gegründet	2004
Schwerpunkte	Lateinamerikanische und internationale Moderne und zeitgenössische Kunst.
Galerien	65
Besucher	40.000
Rahmenprogramm	Meeting Cultures: Wechselnde Sonderschauen mit Länderschwerpunkten. Landmark Installation: Installationen im öffentlichen Raum. Conferences: Diskussionen zum Kulturleben in Argentinien und weltweit.
Leiter	Andrés Bardon
Internet	www.arteclasica.com.ar

ART TAIPEI

Mit dem Gründungsjahr 1992 ist die Art Taipei ein Dinosaurier unter den asiatischen Kunstmessen. Einst profitierte die Messe vom Status Taiwans als kapitalistischem Brückenkopf zwischen China und der übrigen Welt. Es entstand eine bemerkenswerte Kunst- und Sammlerszene, die ihren Zenit allerdings überschritten hatte, als in China der große Kunstboom einsetzte. Darunter leidet die Art Taipei. Alle Welt schaut heute zur neuen asiatischen Leitmesse in Hongkong, während sich die Art Taipei Schritt für Schritt aus einem staubigen, heißen Kulturzentrum zurück in die Liga der Großen kämpfen muss.

Mit großem Engagement hat der Rat für Kulturangelegenheiten, CCR, seit Jahren die Art Taipei als Mitorganisator und Financier gestützt, um den Messestandort Taipeh zu bewahren. Das kam keine Minute zu spät: Hatte die Taipei Art Fair zu ihrer ersten Blüte Mitte der Neunzigerjahre noch über 90 Galerien – hiervon bis zu einem Drittel aus dem Ausland –, bis zu 90.000 Besucher und bescheidene, aber stabile Umsätze von zwei bis drei Millionen US-Dollar verzeichnen können, war die Messe 2002 auf 28 ausschließlich taiwanesische Galerien zusammengeschrumpft, die gerade noch 375.000 US-Dollar einspielten.

Huang Ming-Che markiert mit dem gigantischen, acht Meter breiten Werk „2008 Campaign" den bisherigen Topverkauf der Art Taipei. Das Werk spielte 2008 beim Fine Art Center aus dem taiwanesischen Tainan beachtenswerte 750.000 US-Dollar ein.

Huang Ming-Che: 2008 Campaign. 2008. Oil on canvas, 800 x 363 cm.

Neustart in der Winzerei

Die Messe war mausetot – und erstand nach einem Jahr Pause 2004 unter dem neuen Namen Art Taipei im charmanten, aber leider auch vollkommen ungeeigneten Umfeld des Kunstzentrums Huashan wieder auf, das wenige Jahre zuvor auf dem Gelände der alten Winzerei von Taipeh errichtet worden war. Das zarte Pflänzchen wuchs. Zwei Jahre später präsentierten sich bereits 70 Galerien rund 40.000 Gästen – immer noch in den katastrophalen Räumen der alten Winzerei. Anwesende Kunsthändler fürchteten, dass ihre Kunstwerke Schaden nehmen könnten, und eine ausländische Galerie zog sich sogar nach dem ersten Tag von der Messe zurück.

Mit der Rückkehr in das World Trade Center von Taipeh arbeitete sich die Messe zurück in das Spitzenfeld der asiatischen Messen, mit einem vorläufigen Peak 2008, als die Art Taipei 111 Galerien – hiervon 40 Prozent ausländisch –, 72.000 Besucher und einen Umsatz von

Links
Der philippinische Künstler Gabriel Barredo bewegt sich mit einem starken metaphorischen Gespür im Spannungsraum zwischen Romantik, Mystik und Geschichte. In seinen Werken bedient er sich verschiedenster Materialien und Gebrauchsobjekte. Bei dieser Skulptur, die 2008 auf der Art Taipei gezeigt wurde, ist die Mähne des Pferdes beweglich.

Gabriel Barredo: Untitled. 2008. Mixed media, ca. 244 x 122 x 61 cm.

Chen Chieh-Jens Videoarbeit „Military Court and Prison" handelt von den Jahrzehnten Taiwans als totalitärem Einparteienstaat. „Military Court and Prison" wurde weltweit mit großem Erfolg gezeigt, lediglich in Taiwan war die Arbeit lange Zeit wenig beachtet. Die Main Trend Gallery aus Taipeh brachte sie 2009 mit auf die Kunstmesse der Stadt.

Chen Chieh-Jen: Military Court and Prison. 2007–2008. 35 mm transferred to DVD, color, sound, 61 minutes 43 seconds, single-channel, continuous loop.

Military Court and Prison – Pushing People. 2008. Color photo, 80 x 150 cm.

Military Court and Prison – Temporary Monument. 2008. Color photo, 95 x 150 cm.

23,4 Millionen US-Dollar meldete. In diesem Jahr verzeichnete die Messe auch ihren bisherigen Topverkauf, Huang Ming-Ches „2008 Campaign", das beim Fine Art Center, einer Galerie aus der südtaiwanesischen Stadt Tainan, für 750.000 US-Dollar veräußert werden konnte.

Zuversicht in den taiwanesischen Markt

In Taipeh gibt man sich realistisch. Das Rennen um die Nummer eins in Asien ist für die taiwanesische Messe kaum zu gewinnen. Aber der Kunstmarkt in Taiwan ist immer noch stark, die Öffnung des chinesischen Marktes – ein guter Teil der Galerien kommt heute aus China – lässt Taipeh am chinesischen Kunstboom partizipieren, und mit einer günstigen Steuerstruktur bietet der Markt ähnlich attraktive Rahmenbedingungen wie Hongkong.

Die Art Taipei tut das Richtige, indem sie sich auf chinesische Kunst konzentriert und jungen Künstlern und populären Formaten wie Video und Fotografie eine Plattform bietet. Die 2008 gestartete Sektion „Made in Taiwan – Young Artist Discovery" hat einiges Aufsehen erregt. Und der neue Foto- und Videobereich der taiwanesischen Kunstschau bedient ein Segment, das gut zum Preisgefüge der Messe passt. Hier in Taipeh sieht man auch kritische, dokumentarische Kunst wie die beklemmenden Video- und Fotoarbeiten Chen Chieh-Jens, die sich mit der Verletzung von Menschenrechten im Taiwan der Vierziger- bis Achtzigerjahre auseinandersetzen. Der Künstler, bislang im Ausland weitaus mehr gefeiert als im eigenen Land, hat durch die Art Taipei auch in seiner Heimat eine Plattform erhalten.

Stadt	Taipeh
Veranstaltungsort	Taipei World Trade Center
Datum	Ende August/Anfang September
Gegründet	1992 als Taipei Art Fair International 2004 Umbenennung in Art Taipei
Schwerpunkte	Chinesische und internationale zeitgenössische Kunst.
Galerien	78
Besucher	50.000
Rahmenprogramm	Ela-Video: Kuratierte Sonderschau mit audiovisuellen und elektronischen Arbeiten. Art Taipei Photo: Ausstellung von zeitgenössischer und konzeptioneller sowie Modefotografie. Made in Taiwan – Young Artist Discovery: Kuratierte Sonderschau mit taiwanesischen Künstlern unter 35 Jahren. Affordable Art: Messebereich speziell für junge Sammler, in dem Kunstwerke für unter 2.000 US-Dollar angeboten werden. Art Lecture: Vortragsreihe zur zeitgenössischen Kunst.
Leiter	Elise Tseng
Internet	www.art-taipei.com

ART FORUM BERLIN

Berlin, nach dem Mauerfall. Die Hauptstadt ist umgezogen, die Industrie und die Großunternehmen bleiben aber fern – und somit das Geld und die Sammler. Die Stadt beginnt jedoch zu brodeln: Die Kreativindustrie nimmt die Stadt in Besitz, Künstler aus aller Welt kommen. Die Neu-Berliner leben und arbeiten in zahlreichen maroden, leer stehenden Wohngebäuden, Fabriken und Lagerhallen. Die lange Zeit schmale Galerienszene verzeichnet langsam, aber stetig Neuzugänge.

Bis zu diesem Zeitpunkt gab es nichts, das an Köln als zentralem deutschen Messestandort hätte rütteln können. Dort hatte man Sammler und Galerien vor Ort und war bestens vernetzt mit den Märkten im benachbarten Ausland. Und da kamen sie also, die dreisten Berliner, und kündigten eine neue Messe an: streng zeitgenössisch und ohne Rücksicht auf die starren Strukturen der Messeszene. Berlin, das sollte die Messe der Neuentdeckungen werden.

Die Berliner Galerie Anselm Dreher zeigte 2009 auf Kissen ruhende Neonröhren des Konzeptkünstlers John M Armleder.

John M Armleder: Untitled (Canaletto) FS. 2007. 20 fluorescent lights propped on pillows.

Links
Jan Scharrelmanns „Hole II" war einer der großen Eyecatcher auf dem art forum berlin 2009. Blickt man lange genug durch die grüne Röhre, taucht sich danach die ganze Welt in Rot.

Jan Scharrelmann: Hole II. 2009.

Rund die Hälfte der Galerien auf dem art forum berlin kommt aus dem Ausland, zumeist aus Europa und Nordamerika. Einzelkämpfer aus Afrika ist die Galerie Michael Stevenson aus Kapstadt, der 2009 Werke aus Pieter Hugos Serie „Nollywood“ mitbrachte. Hugo greift hier mit Schauspielern Mythen und Symbole der nigerianischen Filmindustrie auf – der weltweit Drittgrößten nach Holly- und Bollywood.

Pieter Hugo: Gabazzini Zuo. Enugu, Nigeria. C-print, 102 x 102 cm (Ed. 9 + 2 AP) / 152 x 152 cm (Ed. 5 + 2 AP).

Beziehungskrise mit den Galerien

Das art forum berlin hat turbulente Zeiten durchlebt. Die rapide wachsende Berliner Galerienszene, das zentrale Standbein der Messe, übte sich im Aufruhr und kündigte 2008 eine messeähnliche Verkaufsausstellung unter dem Titel „Art Berlin Contemporary“ im Vorfeld des art forum an. Die Initiatoren hatten schon zuvor die Notwendigkeit der Messe in Frage gestellt und ein Gallery Weekend im Frühjahr ins Leben gerufen – ein Event, das bis heute internationale Sammler und Kunstinteressierte anzieht, auch wenn der Verkaufsaspekt dieser Veranstaltung bisweilen im Trubel der Empfänge, Partys und Dinner unterzugehen droht. Nun also auch noch eine Gegenmesse, und diese dem art forum berlin direkt vor die Nase gesetzt. Es roch nach Intrige.

Das art forum berlin wankte zwischen Neustart oder Zusammenbruch. Der Konflikt mit den Galerien war lediglich die Spitze des Eisberges: Die aufkommende Finanzkrise und das seit Jahren wachsende Problem, sich zum Messetermin am Beginn der Herbstsaison gegen die Messegiganten FIAC und Frieze behaupten zu müssen, hatte das art forum berlin ohnehin schon genügend in die Enge getrieben.

Berlin im Einklang

Angesichts des immensen Drucks verließ die langjährige art-forum-Chefin Sabrina van der Ley ihren Posten. Unter der neuen Leitung von Eva-Maria Häusler und Peter Vetsch – zwei langjährigen Art-Basel-Veteranen – setzte die behutsame Aussöhnung der Messe mit den Galerien ein. Als unbelastete Personen in diesem lokalen Zwist gelang ihnen eine beachtliche diplomatische Leistung, die zu einem Gewinn für alle Beteiligten führte. Es gelang, einen Bogen zwischen der etablierten Messe und der vibrierenden, unangepassten Kunstszene der Stadt zu schlagen – eine Tandemlösung, in der Messe, alternative Messe und das Gallery Weekend ihren gebührenden Platz finden. Das Konzept wird mittlerweile an vielen anderen Messestandorten kopiert.

Häusler und Vetsch mussten sich aber immer noch positionieren. Außerdem stand noch eine Antwort aus auf die Frage, wie ein Messestandort mit traditionell schwacher Sammlerbasis in Zeiten der Wirtschaftskrise überlebensfähig sein kann.

Die Bilanz des ersten Jahres unter dem neuen Leitungsduo ist überzeugend. Es heißt, das art forum berlin sei arrivierter geworden, in Wirklichkeit hat die Messe aber vor allem aufgehört, sich selbst permanent als Newcomermesse zu positionieren. Auf der Berliner Kunstschau wurden auch vor 2009 bereits große, bekannte Namen verkauft, man denke nur an jene kleine Gerhard-Richter-Arbeit bei Springer & Winckler, die 2007 für 560.000 Euro angeboten wurde. Das art forum berlin bekennt sich heute offener zu den gut eingeführten Positionen, hat das Konzept auf die Moderne der Sechziger- und Siebzigerjahre ausgeweitet und ermöglicht dadurch einen viel entspannteren Umgang mit den Jungen und Innovativen.

Dass viele führende Galerien aus Übersee nach wie vor nicht kommen, wird in eine Stärke umgemünzt. Die mit 300 bis 400 extrem hohe Zahl an Galerien aus der eigenen Region, die sich für die Teilnahme bewerben, erlaubt es dem art forum berlin, ein exzellentes, inhaltlich getriebenes Angebot zu zeigen.

Ungeahnter Erfolg für Messeneuling Plan B. Die rumänische Galerie hätte 2008 – zum Höhepunkt der Finanzkrise – Adrian Ghenies „The Collector" sage und schreibe sieben Mal verkaufen können.

Adrian Ghenie:
The Collector 2. 2008.
Oil on canvas, 200 x 300 cm.

Die Galerie Mehdi Chouakri überzeugte 2009 mit dem frisch prämierten Marcel-Duchamp-Preisträger Saâdane Afif und dessen Grenzgängen zwischen Musik und Licht-/ Rauminstallationen.

Saâdane Afif: Untitled (More, More / 2006 / Neon, pile of photocopies / 110 x 50 cm). 2009. Neon, pile of photocopies, 132 x 100 cm.

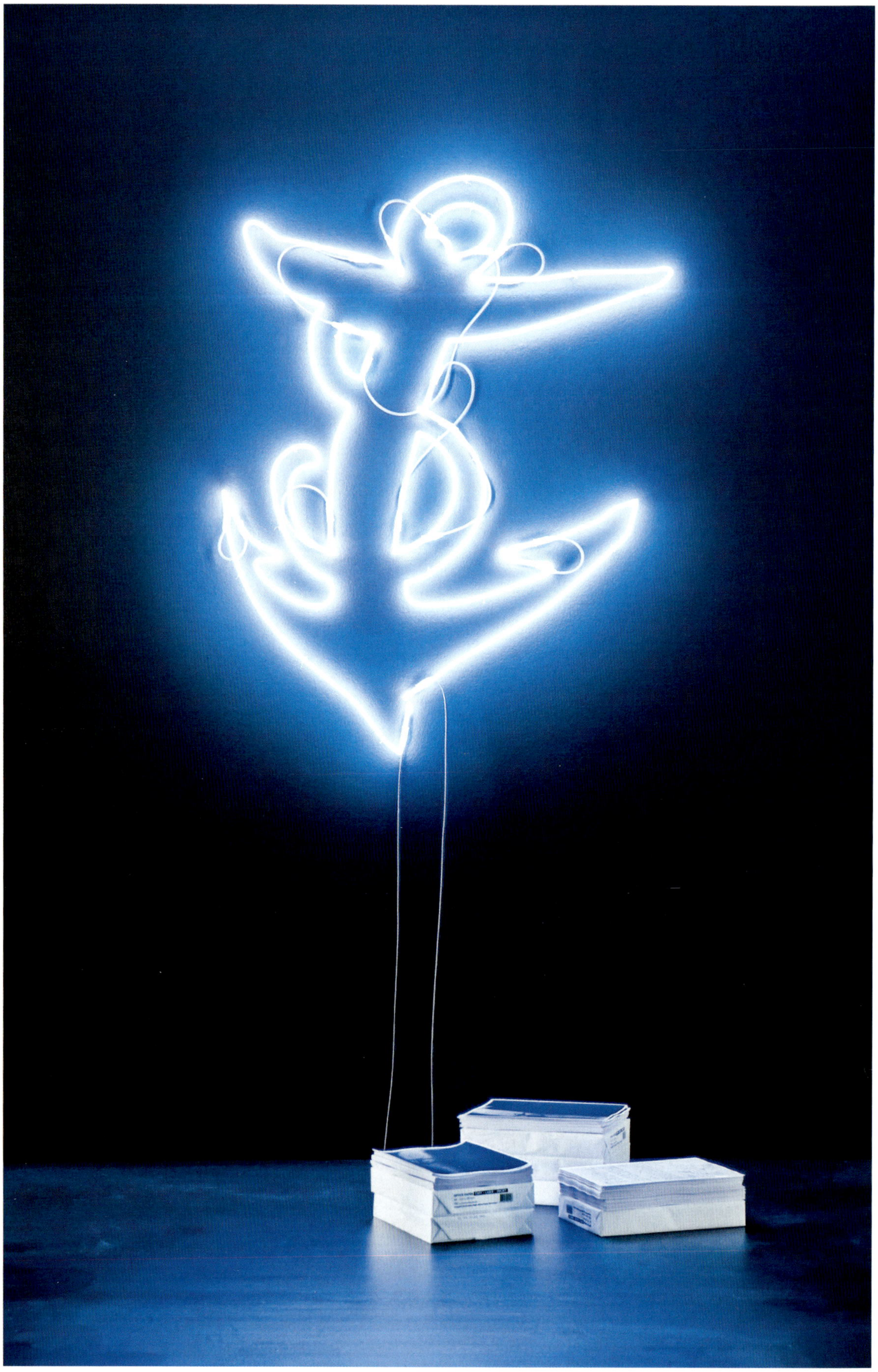

Dieser Weg soll weiter beschritten werden: Die 2010 beschlossene Reduzierung der Teilnehmerzahl von 130 auf 110 erlaubt eine weitere räumliche und qualitative Konzentration. Dadurch agiert der spannende Sektor focus mit jungen Positionen nicht länger als blinddarmartiges Endstück der Messe, sondern gehört zum Herz des art forums berlin.

„Wherever we are, is museum": Das Künstlerpaar Eva & Adele versteht sich als lebendes Kunstwerk. Die Fotos, die von ihren Auftritten auf Vernissagen und Messen gemacht werden, verarbeiten sie künstlerisch. Sie haben zahlreiche bedeutende Messen beehrt, selbstverständlich auch das art forum in ihrer Heimatstadt Berlin, wie hier 2009.

Ein begeisterungsfähiges, aber sparsames Publikum

Mag sein: In Berlin werden nicht die ganz großen Preisschilder gezückt. Das Publikum ist jedoch kunstverständig und begeisterungsfähig. Selbst im allerersten großen Schub der Finanzkrise im Herbst 2008 konnte die rumänische Galerie Plan B erleben, wie sich für Adrian Ghenies „The Collector" sage und schreibe sieben Kaufwillige fanden. Im selben Jahr landete die Berlin-Leipziger Galerie Eigen+Art auch einen der Höchstpreise der letzten Jahre: Inmitten des Krisenstrudels konnte sie Neo Rauchs „Fluchtversuch" für 500.000 Euro verkaufen.

Xavier Hufkens aus Brüssel, 2009 erstmals auf dem art forum berlin, entschied sich bereits am Auftakttag, auch im Folgejahr nach Berlin zurückzukommen. Es scheint, dass er gleich einige gute Verkäufe gelandet hatte. Die New Yorker Spencer Brownstone Gallery konnte das einzige Werk in ihrer minimalistischen Koje ebenfalls an Tag eins verkaufen: Ein durch Ventilatoren in der Schwebe gehaltenes Videomagnetband von Zilvinas Kempinas, das sich vor der weißen Wand als sich permanent in Veränderung befindliche Schwarz-Weiß-Zeichnung absetzte.

Sachverstand ja, Lust auf Provokation nein

Da ist also Sachverstand auf der einen Seite und Begeisterungsfähigkeit auf der anderen – das alles gekoppelt mit einer gewissen Abgebrühtheit des Publikums. Was woanders immer gut für einen Skandal wäre, prallt an den Berlinern ab. Das art forum berlin hat die momentan wohl am dynamischsten vibrierende Kunststadt der Welt als Bühne und Rahmen.

DIE NEBENMESSEN DES ART FORUM BERLIN

Art Berlin Contemporary – abc

Trat die Art Berlin Contemporary in ihrem ersten Jahr 2008 noch als Gegenveranstaltung zum art forum auf, präsentieren sich beide ab 2009 in freundschaftlicher Umarmung: eine großartige Leistung der Kunstdiplomatie. Dank Shuttle-Bus fällt es leicht, die Messe und die als Leistungsschau konzipierte abc unter einen Hut zu bringen.

Die abc will einen breiten Überblick über das aktuelle Kunstgeschehen vermitteln. Im Debütjahr dominierten Skulpturen, Installationen und bewegte Bilder, 2009 widmete sich die abc unter dem Motto „def – drafts establishing future" künstlerischen Entwürfen für Großprojekte. Die abc hat damit bereits in den ersten Jahren ihres Bestehens ihren künstlerischen Anspruch und ihre Innovationsfähigkeit unter Beweis gestellt. Und es ist noch viel zu erwarten – das Alphabet ist noch lang.
www.artberlincontemporary.com

Preview Berlin

Der ehemalige Berliner Flughafen Tempelhof bildet den Rahmen für die Preview Berlin. Seit 2005 beweist die Messe ein glückliches Händchen bei dem Heranführen neuer, aufstrebender Galerien an den internationalen Markt. Sie ist, so ein deutsches Wirtschaftsblatt, der „Salon der Aspiranten". Im zweiten Jahr der Messe trat beispielsweise die damals unbekannte rumänische Galeria Plan B auf. Ein amerikanisches Sammlerpaar kaufte die ganze Koje am Eröffnungstag. Gleich danach wurde Plan B zur Liste in Basel eingeladen. Die Karriere der Galerie ging steil bergauf. So sehr, dass die Galerie 2008 eine Dependance in Berlin eröffnete und seither begehrter Gast auf den größten Messen ist.

Der Besuch der Preview ist in jeder Hinsicht ein erfrischendes Erlebnis, auch weil sich die Messe immer wieder vom klassischen Messekonzept löst, indem Kojenstrukturen aufgebrochen, die Messe im Stil einer kuratorischen Ausstellung präsentiert oder ökologische Überlegungen in die Messekonzeption eingebracht werden.
www.previewberlin.de

Berliner Liste

Die Berliner Liste verspricht junge und experimentelle Kunst. Als Rahmen wählt die Liste ständig neue, immer spektakuläre, aber nicht immer gut geeignete Locations aus. Man will zeigen, was woanders zu neu und zu wenig arriviert ist, um bereits angenommen zu werden – ein für eine Satellitenmesse schwieriger Anspruch in einer Stadt, in der die Wettbewerber bereits einen innovativen und mutigen Weg beschreiten.

Die Liste bemüht sich um eine informelle, kommunikative Stimmung. Wo andere Messen ihre Lounge in die Ecke verbannen, setzt die Liste ihr Café bewusst in das Zentrum der Kunstschau. Hier treffen sich Künstler und Sammler nach den harten Messetagen und den mit einem stadtweiten, atemberaubenden Begleitprogramm gefüllten Abenden. So wie der Künstler und Salonlöwe Burgy Zapp, der 2009 gerädert am letzten Messetag um 16 Uhr erschien – im blauen Schlafanzug und einem weißen Morgenmantel seines Großvaters.
www.berliner-liste.org

Berliner Kunstsalon

Unangepasst und bisweilen etwas sonderbar ist er, der Berliner Kunstsalon. Abonniert auf eine Prise Provokation, eine Prise Trash, eine Prise Psychedelik, hat er seine Nische im Satellitenprogramm des art forums gefunden – das Ganze im atemberaubenden Ambiente eines ehemaligen Umspannwerks. Der Kunstsalon macht enormen Spaß, bietet ein stetig strömendes Publikum und daher viel Kommunikationsmöglichkeiten mit Künstlern und mit anderen Gästen. Neben mancher – bewusst gewählten – Geschmacksverirrung präsentiert der Kunstsalon immer wieder auch bemerkenswerte, meist junge Positionen.
www.berlinerkunstsalon.de

Das von Cornelia Schleime geschaffene Gemälde „Ich sehe was, was Ihr nicht seht" auf dem art forum berlin 2003.

Cornelia Schleime: Ich sehe was, was Ihr nicht seht. 2003, Acrylic, asphalt varnish on canvas, diameter 160 cm.

Stadt	Berlin
Veranstaltungsort	Messe Berlin
Datum	Ende September/Anfang Oktober
Gegründet	1996
Schwerpunkte	Deutsche und internationale Moderne und zeitgenössische Kunst.
Galerien	110
Besucher	40.000
Rahmenprogramm	Focus: Sonderschau mit junger Kunst. berlin talks: Reihe mit Podiumsdiskussionen zum Sammeln und Ausstellen von Kunst.
Leiter	Eva-Maria Häusler und Peter Vetsch
Internet	www.art-forum-berlin.de

SHCONTEMPORARY

Von Weitem schon schiebt sich der Zuckerbäcker-Turm ins Bild. Je näher man kommt, umso majestätischer hebt sich das eindrucksvolle und zugleich groteske Gebäude, ein Geschenk Stalins an Mao in den Fünfzigerjahren, in die Höhe. Bedrohlich wirkt dieser sozialistische Kontext, der so wunderbar aufgelöst wird, sobald man die Messe betritt. Immer wieder lässt die Architektur den Besucher daran denken, dass es nur gut ein Jahrzehnt her ist, dass zeitgenössische Kunst in China tabu war. Sie wurde einem handverlesenen Publikum heimlich in Privatwohnungen oder in Kellerräumen gezeigt. Es gab Polizeirazzien und Festnahmen.

Heute ist China der drittgrößte internationale Kunstmarkt. Mit dem Hype um die chinesische Kunst ist eine immense ausländische Nachfrage entstanden. Als 2007 in Schanghai die ShContemporary unter der Leitung des ehemaligen Art-Basel-Chefs Lorenzo Rudolf und des Kunsthändlers Pierre Huber startete, ahnten viele, dass hier eine asiatische Leitmesse entstehen würde.

Manchmal liegen Licht und Schatten dicht beieinander: Nach dem furiosen Debütjahr wurde das Folgejahr 2008 von vielen Beteiligten als Enttäuschung empfunden. Huber verließ die Messe unter nebulösen Umständen. Es roch nach Konflikt, man munkelte, er habe in die eigene Tasche gewirtschaftet. Der exzellente Messestratege Rudolf, dem es nicht gelungen war, genügend europäische Sammler nach Schanghai zu locken, trat zurück.

2007 in der Sektion „Best of Artists“: Ai Weiweis „Mei Le“, ein Werk, das auf die Rohstoffe des Landes und das wachsende Problem der Umweltverschmutzung eingeht.

Ai Weiwei: Mei Le. 2007. Lacquer on fiberglass, dimensions variable, between (H) 8 and 28 cm. Installation: diameter 700 cm.

Links
Mathilde ter Heijnes „Foremother Worship“ ist Bestandteil einer Werkgruppe über das matriarchalische System des südchinesischen Volksstamms der Mosuo, dessen Kultur durch gesellschaftliche Einflüsse bedroht ist. Die Berliner Galerie Arndt brachte diese gesellschaftskritische Arbeit auf die ShContemporary 2007.

Mathilde ter Heijne: Foremother Worship. 2007. Bronze, with glass eyes and human hair, bench. 145 x 75 x 70 cm / bench: 150 x 40 x 50 cm. Edition 3/3 (+ 1 AP).

Robert Longos gigantische Kohlezeichnungen bei der Düsseldorfer Galerie Hans Mayer gehörten zu den Highlights der ShContemporary 2008, die ansonsten von Turbulenzen in der Messeleitung überschattet wurde.

Robert Longo: From the series: Perfect Gods. Untitled (Shark 14). 2008. Charcoal on mounted paper, ca. 177 x 266 cm.

Ende oder Neustart?

2009 dann die Frage: Würde die Messe überhaupt noch stattfinden? Sie tat es. Mit dem neuen Direktor Colin Chinnery fing die Schau ganz von vorne an. Der Organisator, die Messe in Bologna, bekannte sich dazu, die ShContemporary zu erhalten und die hierzu nötigen Investitionen zu tätigen. Gelder flossen, um Schanghai einen Neustart zu ermöglichen.

Aktuell hat die Art HK in Hongkong klar die Führungsstellung in Asien übernommen. Für Schanghai muss daher gelten, ein neues Selbstverständnis zu finden. Chinnery hält es für machbar, der Messe eine ganz besondere künstlerische Relevanz zu verleihen: zum Beispiel mit der Sonderschau „Discoveries", die den zentralen Bereich der Messe einnimmt und mit einem sehr klaren, konzeptuellen Anspruch die Lücke füllt, die abgesprungene Galerien wie PaceWildenstein, Max Protetch oder Jack Tilton hinterlassen hatten. Eine große Lücke, blieben doch von einst 140 Galerien nur noch 75.

Jeder VIP-Besucher muss über diesen neuen Bereich stolpern, bevor er zu den Ständen der Galerien gelangt, geradezu wortwörtlich auf der ShContemporary 2009: Shinji Ohmakis „Echoes – Shanghai Road" bestand aus einem floralen Muster aus Puderstaub, aufgetragen auf den roten Teppich des Eingangsbereichs. Unter den staunenden Blicken der Gäste verschwand das Werk nach und nach im Nichts. Einen besseren, poetischeren Einstieg hätte man sich für das Discoveries-Projekt kaum denken können. Die offene, themengebundene Schau ist „eine ganz besondere Art von Kunstmesseprojekt", so Chinnery, „und vielleicht die einzige ihrer Art."

Knotenpunkt für die asiatische Sammlerszene

Die ShContemporary will zu einem Knotenpunkt im asiatisch-pazifischen Sammlernetzwerk werden. Hierfür richtet die Messe über das ganze Jahr hinweg Sammlerevents in verschiedenen Städten der Region aus, sorgt für permanente Präsenz und für einen dauerhaften Austausch. Hunderte von Sammlern aus der Region wurden auf Kosten der Messe nach Schanghai geholt.

Etwas schade ist daher, dass ausgerechnet Pearl Lam, die quirlige Stargaleristin aus Schanghai, sich zuletzt rar gemacht hat und nur noch als Ausstellerin auftrat. In den ersten beiden Jahren der Messe hatte sie fast eigenhändig die anwesende Sammlerszene unter ihre Fittiche genommen. Legendär: Ihre abendlichen Dinner – gekrönt von einer VIP-Party mit gut 250 Gästen – in ihren diversen exklusiven Wohnungen in der Stadt. Sie waren ein heimlicher Höhepunkt des Messeprogramms.

Einen vielbeachteten Beitrag in der „Discoveries"-Sektion lieferte 2009 Shinji Ohmaki. Sie schuf ein florales Muster aus Puderstaub auf dem roten Teppich des Eingangsbereichs. Ein zugleich poetisches und höchst vergängliches Werk.

Shinji Ohmaki: Echoes – Shanghai Road. 2009. Crystal powder, carpet. Installation View at ShContemporary 09.

Trotz der heftigen Umgarnung der Sammler aus der Region ist nicht zu verhehlen, dass die Zeit der Mega-Verkäufe in Schanghai vorbei ist. Wurden im Debütjahr noch rund 800.000 Euro für ein Rundbild von Damien Hirst verlangt, das sehr schnell einen Liebhaber fand, und sogar noch vor Messebeginn eine großformatige Arbeit von Yue Minjun für eine Million Euro verkauft, werden heute nur noch selten sechsstellige Erlöse erzielt. Bemerkenswert daher der Erfolg der Tokioter Galerie Ota Fine Arts, die 2009 vier Werke von Yayoi Kusama für gut 600.000 Euro absetzen konnte.

Kritische Untertöne – in begrenztem Rahmen

Auf der ShContemporary sind interessante politische und sozialkritische Untertöne festzustellen. So präsentierte Urs Meile 2007 im Bereich „Best of Artists" Ai Weiweis „Mei Le":

Der niederländische Künstler Ruud van Empel schuf 2008 verschiedene Drucke, die aus Fotografien von Kindern und Naturumgebungen zusammengestellt sind. Van Empel geht es um Schönheit und Unschuld, die in Europa gerne mit heller Haut und blonden Haaren assoziiert werden. Diese Vorstellungen will van Empel aufbrechen. Das Bild besteht aus zahlreichen Einzelaufnahmen, die van Empel minutiös zusammenstellt.

Ruud van Empel: World #29, 2008. Cibachrome, ca. 119 x 84 cm.

Das Werk stellt Kohlebrocken dar. Die Stücke sind aus Fiberglas hergestellt, in einer alten Beiztechnik gefärbt und anschließend im Freien der Witterung ausgesetzt worden. Die Kohle symbolisiert die Rohstoffe und den industriellen Aufschwung des Landes, mahnt zugleich aber auch den Raubbau an der Natur und die hemmungslose Luftverschmutzung an.

Überraschen konnte auch Mathilde ter Heijnes Arbeit über den matriarchalischen Volksstamm der Mosuo in Südchina und über dessen Bedrohung durch das einheitliche Schulsystem, durch die Medien und durch einen rücksichtslosen Exotik-Tourismus.

Leider gibt es aber auch Beschränkungen des Möglichen: Die deutsche Galerie Christian Nagel wollte Martha Roslers Arbeiten über den Irak-Krieg mit nach Schanghai bringen, scheiterte aber an der Zensur, die befürchtete, dass die Arbeiten mit ihrem Bezug zum Mittleren Osten vom Publikum als Kommentar zum Uiguren-Aufstand in Westchina wenige Monate zuvor gelesen werden konnten.

Die New Yorker Postmasters Gallery stieß auf ähnliche Probleme, weil es die Zensoren auch mit der Nacktheit nicht leicht haben. Die Galerie wollte Eva und Franco Mattes' Videoarbeit „Synthetic Performance in Second Life" zeigen, in der Second-Life-Avatare Marina Abramović und Ulays Performance „Imponderabilia" nachspielen: Zwei nackte Personen stehen vor einem Museumseingang in geringem Abstand einander gegenüber. Die Besucher müssen sich zwischen den beiden Nackten hindurchzwängen. Während Abramovićs Performance, die übrigens in derselben Halle zu sehen war, bei der Zensur durchging, wurde die Second-Life-Arbeit gestoppt: Die virtuellen Nackten hatten in den Augen der Zensur zu große Brüste.

Auch Wim Delvoyes tätowierte Schweine aus der Serie „Art Farm" fanden nicht die Gnade der Zensoren, die scheinbar eine Diskussion über Tierquälerei fürchteten. Ein Kuriosum: Während Delvoye seine Farm in China betreiben muss, um mit der Tätowierung der Tiere nicht in Konflikt mit dem Gesetz zu kommen, wird das künstlerische Produkt dieser Farm ausgerechnet in China nicht zum kunstinteressierten Publikum durchgelassen. Hier muss noch einiges passieren, gerade wenn Schanghai sich als mutige, junge und konzeptionsstarke Messe am chinesischen Markt positionieren will.

Stadt	Schanghai
Veranstaltungsort	Shanghai Exhibition Center
Datum	September
Gegründet	2007
Schwerpunkte	Zeitgenössische chinesische und internationale Kunst.
Galerien	75
Besucher	30.000
Rahmenprogramm	Discoveries: Kuratierte Sonderschau mit Vortragsreihe zu einem bestimmten Thema. Platform: Sonderschau mit jungen Künstlern und Werken, die in den beiden vergangenen Jahren entstanden sind. Best Young Artist Award: Sonderpreis für junge Künstler. Asia Pacific Collector Development Programme: Ganzjähriges Sammlerprogramm mit Events in verschiedenen asiatischen Städten.
Leiter	Colin Chinnery
Internet	www.shcontemporary.info

KIAF

Eingeklemmt zwischen den großen Kunstmärkten in Asien – Japan mit seiner Blütezeit in den Neunzigerjahren und China mit seinem seit einigen Jahren geradezu besinnungslos prosperierenden Markt – liegt ein dritter, wichtiger Markt, der gerne übersehen wird: der koreanische. Die Korea International Art Fair (KIAF) galt einige Jahre lang als die asiatische Art Basel. Das war vor Schanghai und vor Hongkong. Dass die Last dieses hoch aufgehängten Vergleichs von der Messe abgefallen ist, scheint ihr gut getan zu haben. Sie ist kleiner und besser geworden, hat investitionsbereite Sammler, eine gute Anbindung an das Ausland und – sehr angenehm – eine äußerst entspannte Atmosphäre.

In ihren Blütejahren war die KIAF auf deutlich über 200 Galerien angeschwollen. Eine kritische Größe, bei der es für manche Messen schwierig wird, die nötige Qualitätsdichte zu halten. Die KIAF machte das ganz ordentlich, zumindest bei den rund 100 koreanischen Galerien. Auf der Suche nach Internationalität hatte man etwa 100 weitere Galerien aus dem Ausland angeworben. Hier war man mit der Auswahl etwas weniger streng, was dann auch einige der hochkarätigen ausländischen Galerien durchaus als Manko sahen. Dennoch kamen sie alle wieder – weil die Geschäfte in Seoul gut liefen.

Was genau veranlasste die Messeleitung gerade hier, am Punkt des größten Erfolgs, die KIAF vom Frühjahr in den Spätsommer zu legen und damit fast zeitgleich mit Schanghai und Hongkong stattfinden zu lassen? Es bleibt ein Rätsel. In jedem Fall wurde wohl die Wettbewerbskraft der Mitstreiter unterschätzt. Die KIAF musste Federn lassen. Die Zahl der Galerien ist seither zwar nur geringfügig gesunken – auf 170. Eklatant ist jedoch der Rückgang des ausländischen Händleranteils auf gut ein Viertel.

Die australische Regierung setzt auf die Teilnahme ihrer Galerien bei asiatischen Messen. Durch das Förderprogramm kam 2010 auch die Arc One Gallery nach Seoul, wo sie mehrere Werke von Janet Laurence verkaufen konnte.

Janet Laurence: The Gold in Green (Landscape and Residue Series). 2008. Duraclear, oil on acrylic, 100 x 168 cm.

Links
Mit seinen tiefroten Porträts huldigt der spanische Maler Salustiano der Renaissance. In „Tamara con Pikachu" bezieht sich Salustiano auf da Vincis „Dame mit dem Hermelin". In dem Gemälde von 2008, das im Jahr darauf auf der KIAF gezeigt wurde, wird der Hermelin jedoch durch einen Pokémon ersetzt. Salustiano erhebt damit eine Ikone der japanischen Popkultur zu einem Statusobjekt.

Salustiano: Renacimiento (Tamara con Pikachu). 2008. Natural pigments and acrylic resin on canvas, 150 x 150 cm.

Die KIAF hat sich in den vergangenen Jahren als Brücke zwischen den deutschen und koreanischen Kunstmärkten etabliert. Deutschland gehört regelmäßig zu den wichtigsten Ausstellerländern. Tilmann Krieg mit seinen malerischen Fotografien profitiert von diesem lebendigen Kontakt: Er erhielt ein Stipendium in Korea. Die Arbeiten aus dieser Zeit, hierunter „Fishwoman", wurden auf der KIAF-Schau „Shooting Hidden Spot" 2008 gezeigt und mit dem Fotokunstpreis der KIAF prämiert.

Tilmann Krieg: Fishwoman. 2008. Photo on aluminium, 90 x 60 cm.

Kaufen in ganzen Werkblöcken, bar auf die Hand

Dabei lebt die Messe wesentlich vom ausländischen Angebot – auch weil der Markt für zeitgenössische ausländische Kunst in Korea immer noch nicht seine Reife erreicht hat. Gegenwartskunst aus dem Ausland wird bewundert und bestaunt, gekauft werden dann jedoch Blue Chips und – immer wieder – Einheimisches. Ein interessantes Merkmal der koreanischen Sammler ist das Splitten: Käufe im sechsstelligen Bereich sind eher die Ausnahme, dafür ist der Erwerb ganzer Werkblöcke sehr gefragt. Gezahlt wird gerne in bar. Andere Märkte, andere Gesetze.

Die KIAF hat dieses Potenzial erkannt. Unermüdlich versucht sie, die einheimischen Sammler näher an die ausländische zeitgenössische Kunst heranzuführen. Dies tut sie mit ihrem Gastlandprogramm ganz vorbildlich. Hierbei blickt sie sowohl in die erweiterte eigene Region (zum Beispiel mit dem Gastland Indien), als auch auf weiter entfernte Märkte. Insbesondere der Deutschland-Schwerpunkt 2005 und das Berliner Fenster 2007 haben Brücken geschlagen – bis heute ist Deutschland mit bis zu 30 Galerien das wichtigste ausländische Herkunftsland auf der KIAF. Beide Länder profitieren von diesem guten Verhältnis: Viele der bis heute treuen deutschen Galerien zeigen auch koreanische Künstler bei sich im eigenen

Land. Unter anderem wurden mehrere Teilnehmer des KIAF-Nachwuchsprogramms nach Berlin eingeladen. So wurde die KIAF zur Wurzel eines dauerhaften Kulturaustauschs zwischen zwei Ländern – das können nur wenige Messen von sich behaupten.

Eine ähnliche Verbindung wird nach New York geschlagen, wo der koreanische Galerienverband, der auch hinter der KIAF steht, während der Armory Week eine koreanische Kunstmesse anbietet. Das hat in New York für Aufmerksamkeit gesorgt, bislang aber noch nicht dazu geführt, dass die Zahl der US-Galerien auf der KIAF – zuletzt: eine einzige – signifikant ansteigt. Aber auch das kann noch kommen.

Die Simyo Gallery setzte 2009 mit einem der Monumentalwerke von Kim Eun-Ju ein beeindruckendes Highlight. Das fünfeinhalb Meter breite Werk „Sea" setzt sich aus vielen kleinen und feinen Bleistiftstrichen zusammen.

Kim Eun-Ju: Sea. 2004. Pencil on paper, 560 x 250 cm.

Stadt	Seoul
Veranstaltungsort	Convention & Exhibition Center (COEX)
Datum	September
Gegründet	2002
Schwerpunkte	Asiatische und internationale Moderne und zeitgenössische Kunst.
Galerien	168
Besucher	56.000
Rahmenprogramm	Guest Country: Wechselnder Länderschwerpunkt. Academic Program: Serie von Vorlesungen und Panels. Artist Support Program: Programmmodule zur Förderung junger Künstler, hierunter Artist Portfolio Presentation (junge Künstler erläutern lokalen und internationalen Galeristen und Kunstexperten ihre Werke), Shooting Hidden Spot (kuratierte Fotoschau) und Performance (Programm in den Messehallen). Kids in KIAF: Programm für Kinder und Jugendliche zwischen 6 und 13 Jahren mit eigener „Experimental Zone", in der Kurse und Workshops angeboten werden.
Leiter	Areum Choi
Internet	www.kiaf.org

FRIEZE ART FAIR

Die Frieze Art Fair gilt als das Symbol für den Kunstboom nach 2000. Hier wird erprobt, was am Markt funktioniert. Hier wird gezeigt, was an neuen Trends entsteht. Hier wird experimentiert, kanonisiert und – vor allem – gekauft, gekauft, gekauft. Entsprechend hielten alle die Luft an, als der Markt im Zuge der Wirtschaftskrise einbrach. Funktioniert die Frieze Art Fair überhaupt ohne Boom-Euphorie? Sie tut es. Blendend sogar, und ohne sich zu verbiegen. Die Frieze ist weiter frech, provokativ und ironisch wie eh und je.

„Long Live and Thrive Capitalism" („Lang lebe und blühe der Kapitalismus"), heißt es auf einem Banner in der Koje der Andreiana Mihail Gallery, und ein Exponat bei der Lisson Gallery rät: „Do Not Pay More Than $20.000." Nur auf den ersten Blick eine Kritik am Kunstmarkt, denn der Preis erhöht sich mit jedem Tag um weitere 10.000 US-Dollar – also schnell zugreifen! Die dänische Performancegruppe Superflex präsentiert auf Einladung der Messe ihren Film „The Financial Crisis", in dem ein Hypnotiseur den Sammlern erklärt, wie sie die Krisenstimmung durch Hypnosetechniken überwinden können. „Nun schließen Sie die Augen", werden die Zuschauer aufgefordert, und jeder Einzelne blickt weiter gebannt auf den Bildschirm, um ja nichts zu verpassen.

Die Londoner Galerie Corvi-Mora brachte parallel zu Roger Hiorns' Turner-Prize-Nominierung 2009 eine seiner Motoren-Arbeiten auf die Frieze: Ein mit Gehirnmasse gefüllter Toyota-Motor, der so umgestaltet wurde, dass er aussah wie ein Gehirn. In anderen Arbeiten hatte er Motoren oder auch einmal eine komplette Wohnung in London mit blauen Kupfersulfat-Kristallen überzogen, sowie ein Jet-Triebwerk geschmolzen und zu Granulat verwandelt.

Roger Hiorns: Untitled. 2008. Toyota engine, brain matter, 76 x 61 x 50 cm.

Links
2009 zeigte Vanessa Beecroft mit VB64 ihre erste New Yorker Performance seit beinahe zehn Jahren. Mit der Performance führte Beecroft ein neues Element in ihrer großen Spannweite an Ausdrucksmitteln ein: Gipsfigurabdrücke von echten Models, die auf sargähnlichen Sockeln ruhen. Deitch Projects brachte einige dieser Skulpturen mit zur Frieze Art Fair 2009.

Vanessa Beecroft: VB64. 2009. Two gesso sculptures. Life size.

Gegen den Markttrend: Die New Yorker Blue-Chip-Galerie Gagosian bot 2008 – unmittelbar nach Ausbruch der Finanzkrise – Richard Princes „Heartbreak Nurse" für sieben Millionen US-Dollar an.

Richard Prince: Heartbreak Nurse. 2002. Inkjet print and acrylic on canvas, ca. 137 x 163 cm.

Die Galerie T293 aus Neapel zeigt einen Messestand in der Ästhetik eines 1-Euro-Shops mit – komplett leeren – Lochspanplatten-Regalen und Neonröhren. Und die Galerie Klosterfelde lässt Elmgreen & Dragset die Einmaligkeit der Kunst in Frage stellen und die immer wieder gleichen Präsentationen auf den führenden Messen der Welt ironisieren: Da bucht der Berliner Kunsthändler gleich zwei benachbarte Stände und lässt sie absolut identisch ausstatten. Einmal als Original, einmal als Kopie. Sogar ein Galeristen-Double empfängt die Besucher am kopierten Stand.

Selbst die Messeveteranen reiben sich die Augen über so viel Ironie und Schmackes, mit der die Frieze Art Fair ihr eigenes Wirkungsfeld aufs Korn nehmen lässt – und selbst nimmt. Das sieht man in dieser Form – und so geballt – auf keiner anderen etablierten Messe. Die Londoner Kunstschau zelebriert die „Art Fair Art", jene situationsgebundene Kunst, die mit dem Messeformat spielt und es ad absurdum zu führen versucht.

Außerhalb des Ausstellungszeltes befindet sich der Skulpturenpark der Frieze Art Fair. Hier: Louise Bourgeois' „The Couple“ im Jahre 2009.

Louise Bourgeois: The Couple. 2003. Aluminium.

Kein Tanz ums Goldene Kalb

Die Liste könnte fast endlos fortgesetzt werden: Die Künstlerin Stephanie Syjuco sorgte 2009 für Aufsehen, als sie andere Künstler Werke von der Messe mit preiswerteren Materialien wie Pappe und Lehm, Klebeband und Sprühfarbe kopieren ließ – ein ironisches Spiel mit dem Grenzbereich zwischen Inspiration und Plagiat. Syjuco selbst bezeichnete ihre Exponate als „Karaoke-Versionen", die mit 100 bis 500 Pfund nur einen Bruchteil der Vorbilder kosteten. Nicht alle Galerien vor Ort fanden dieses „parasitäre Projekt" – so Syjuco selbst – so

Der indische Künstler Subodh Gupta ist berühmt für seine Arbeiten, in denen er Alltagsgeräte und -materialien verwendet. „Mind Shut Down", 2008 auf der Frieze präsentiert, besteht komplett aus Pfannen, Töpfen und anderen Metallbehältnissen. Hauser & Wirth verkaufte zwei Fassungen des Riesen-Totenkopfes für je eine Million Euro.

Subodh Gupta: Mind Shut Down. 2008. Stainless steel, old utensils, 240 x 150 x 205 cm.

ansprechend wie die Besucher, die am Ende der Messe den Stand komplett leergekauft hatten. „In den ersten Tagen drang bei den anderen Galerien durch, dass Fälschereien in meinem Revier des Waldes vor sich gingen", erinnert sich Syjuco. „Man begann, Leute zu uns rüberzuschicken, um uns aufs Korn zu nehmen. Am Ende der Messe fühlte ich mich wie ein Raubtier, durch die Hallen streifend auf der Suche nach Beute. Und mir war, als fühlte ich die Augen in meinem Rücken und die Gedankenblase des Galeristen herausplatzend: ‚Oh Gott, da ist wieder dieses Copygirl und ihre Crew. Was mach ich jetzt nur?'"

Keine andere kommerzielle Kunstschau zelebriert den Bruch mit den Spielregeln der Messe so sehr wie die Frieze. So auch auf dem Flohmarkt des New Yorkers Gavin Brown, der anderen Künstlern anbot, an seinem Verkaufsstand ihre Kunst – in vielen Fällen Nippes – zu Schleuderpreisen zu verkaufen. Hier hatte es eine Performance durch den kuratorischen

Flaschenhals geschafft, um dann jeglichen kuratorischen Qualitätsanspruch konsequent zu unterwandern.

Auch gab es irritierte Seitenblicke, als 2008 das isländische Künstlerkollektiv Kling & Bang ihre Lieblingsbar, den Alternativszene-Treffpunkt „Sirkus", der abgerissen werden sollte, kurzerhand inklusive Fassade und Interieur sicherstellten und mit nach London nahmen. Da wanderten nicht nur schon am Vormittag die Drinks über die Tresen, sondern es waberte auch Tabakrauch durch Türen und Fenster. Innendrin drängten sich Menschen zu Konzerten

Mit zunehmendem Alter präsentiert sich John Baldessaris Kunst mehr und mehr mit einem Augenzwinkern. „Beethoven's Trumpet" gehörte auf der Frieze 2009 zu den Publikumslieblingen.

John Baldessari: Beethoven's Trumpet (With Ear). Opus #133. 2007.

und Performances eingeladener Künstler aneinander, sangen junge Männer mit nacktem Oberkörper schwitzend zur Musik.

Solche Einwürfe passen perfekt zu einer Messe, die aus einem Kunstmagazin hervorgegangen ist, das sich seit jeher dem in der Kunstszene so geliebten Tanz um das Goldene Kalb verweigert. Und ihn zugleich zelebriert: Von einer Viewing-Plattform inmitten des Kojen-Labyrinths konnte man 2009 das Ameisengewimmel der unzähligen Sammler betrachten, die auf der Jagd nach den besten Beutestücken waren.

Doppelbödigkeit und Selbstdistanzierung scheinen zu funktionieren, denn die Umsatzdelle der Frieze Art Fair ist moderat – das Konzept trägt also offenbar auch ohne Boom-Stimmung. Was sich geändert hat, ist aber die Zusammensetzung des Umsatzes. Werke wie Richard Princes „Heartbreak Nurse", die Gagosian 2008 noch für sieben Millionen US-Dollar

angeboten hatte, oder Damien Hirsts „Night of the Long Knives", eine 2009 von White Cube gezeigte Vitrine mit chirurgischem Besteck für fünf Millionen US-Dollar, findet man immer seltener. Verkäufe liegen häufig im hohen fünfstelligen Bereich, selten aber höher.

Voll Energie

Kunstinteressierte Prominenz auf der Frieze: Sienna Miller (2008) und Gwyneth Paltrow (2009).

Die Kopflastigkeit der Messe tritt schnell in den Hintergrund, denn laut ist sie, quirlig und vollgestopft mit Menschen. Ein Society-Ereignis ersten Ranges. Wo immer in der Welt sich die Menschen bei der Preview vor der Pforte tummeln – hier in London brummt es geradezu, scharren die Füße, versuchen sich einzelne VIPs in kleinen Trippelschritten einen besseren Ausgangsplatz zu sichern. Das Publikum: schick, exklusiv, nicht unbedingt quietschig-schrill. Man sagt der Frieze nach, immer auch ein wenig Laufsteg und Modenschau zu sein. Beim genauen Hinschauen halten sich die Extravaganzen jedoch in Grenzen. Edel ja, mit Luxusmarken-Handtaschen und gerne auch mal ein wenig aufgedonnert, nicht aber elitär. Die Frieze gibt sich nicht Celebrity-verrückt und lockt sie doch alle an, die Bekannten und die Schönen, die sich auf der Messe so selbstverständlich bewegen, als sei sie ihr zweites Wohnzimmer: Gwyneth Paltrow oder Lily Allen flanieren entspannt durch die Gänge – beide ungeschminkt. Jude Law sieht man hier ebenso wie Jungstar Emma Watson oder die Topmodels Kate Moss und Claudia Schiffer. Fußballstar David Beckham schaut auch vorbei und erwirbt seiner Victoria ein aus toten Schmetterlingen zusammengesetztes Herzbild von Damien Hirst. Tagsüber schlendern die Stars über die Messe, nachts feiern sie auf einer der zahlreichen, legendären Partys im Umfeld der Frieze.

Feierlaune allerorten. Die Frieze wäre nicht die Frieze, wenn nicht überall in der Stadt Galeristen und Sammler ihre Pforten öffneten und die Sektkorken knallen ließen. Dann tritt auch mal eine Sängerin vom Kaliber Patti Smiths auf, um eine Sonderausstellung mit Werken ihres 1989 verstorbenen Freundes, des Fotografen Robert Mapplethorpe, mit einem kleinen Galeriekonzert einzuleiten.

Es wird gefeiert, wenn auch nicht mehr so hemmungslos wie zum absoluten Höhepunkt des Rausches am Kunstmarkt, im Jahr 2005, auf der Party von White-Cube-Eigentümer Jay Jopling. Jeder, der damals dabei war, kann ein Lied von dieser ganz besonderen Feststimmung in London singen – unabhängig davon, wie sehr man durch den eigenen Alkoholgenuss an Joplings Champagnerrechnung in Höhe von 50.000 Pfund beteiligt gewesen ist.

Links
In minimalistischer, monochromer Klarheit präsentieren sich Erin Shirreffs scheinbare Urzeitmesser, die sie selbst aus Ton geschaffen hat – gezeigt 2009 bei Lisa Cooley, einer der wenigen New Yorker Galerien, die in den letzten Jahren auf der Frieze zu sehen war.

Erin Shirreff: Knife. 2008. Black and white archival pigment print, ca. 101 x 76 cm. Edition of 3 + 2 AP.

Der Tag, an dem der Warschauer Kulturpalast nicht durch die Decke krachte

Das ist der besondere Spagat, den neben der Frieze Art Fair kaum eine andere Messe schafft: Neben Ironie und Kritik, neben Feinsinnigkeit und leisen Tönen platziert sie auch das Große, Laute, Spektakuläre. Die Frieze ist süchtig nach Highlights – die nicht immer wirklich im Schwarzen landen: Lebhaft in Erinnerung ist vielen ein Werkauftrag, der an die Polin Monika Sosnowska vergeben wurde. Der Plan war, dass Sosnowska eine Nachbildung des Warschauer Kulturpalastes durch ein Dach der Messe stürzen lassen sollte. Sosnowska war jedoch mit dem Resultat unzufrieden. Es sah ihr zu unecht aus, sodass sie das Werk kurz vor der Messe zurückzog. Lediglich eine Delle im Zeltdach repräsentierte das nie gezeigte Werk.

2007 lud die Gallery White Cube die Provokateure vom Dienst, Jake und Dinos Chapman, an den Stand. Sie nahmen 20-Pfund-Noten der Gäste entgegen und bemalten das Motiv. Die Queen erhielt zum Beispiel einen Schnurrbart. Das ist – genau genommen – gesetzlich streng verboten. Darauf wies die Galerie auch genüsslich hin und stilisierte die Performance zu einer illegalen Aktion hoch. Das schreckte die Gäste nicht ab. Bis zu drei Stunden Wartezeit unter teilweise tumultartigen Zuständen nahmen sie in Kauf. Eine kurze Schrecksekunde, als eine Frau ihre Stimme erhebt und droht, die Polizei zu holen und die Chapmans verhaften zu lassen. Gottseidank nur ein Scherz – Tracey Emin konnte es sich nicht verkneifen, die befreundeten Chapmans auf die Schippe zu nehmen. Die Gäste liebten es: Die Aktion – bei all ihrer Albernheit – roch nach Untergrund und dem Verbotenen. Und wer hofft nicht, den bekritzelten Zwanziger später für ein Vielfaches verscherbeln zu können. Eine Frau soll ihren Chapman-Geldschein bereits für eine Million Pfund auf dem Kunstmarkt angeboten haben – ob sie erfolgreich war, ist nicht überliefert.

Inhalte zählen

Als hätte die Frieze nicht schon genügend innovatives Potenzial, hat sie mit der „Frame"-Sektion 2009 noch einmal draufgesattelt. Galerien, die weniger als sechs Jahre am Markt sind, können jeweils einen jungen Künstler präsentieren. Dieses Konzept, das in den letzten Jahren an vielen Messestandorten Einzug gehalten und die teils starren Strukturen aufgeweicht hat, wirkte auch auf die Frieze erfrischend, allerdings in eine andere Richtung: Während der junge Bereich auf vielen anderen Messen der einzig wirklich Innovative ist, präsentiert sich „Frame" sachlich und mit seinem strikten kuratorischen Konzept beinahe museal. Das bildet einen schönen, kontrastiven Rahmen zu den sperrigen, subversiven und kritischen Positionen dieser Sektion.

Man spürt allerorten: Es geht der Frieze um Inhalte. Das arbeitet sie deutlich heraus. Wie erfrischend ist es, in London nicht einen dieser ewig gleichen Kataloge – Galerie, Künstlernamen, Abbildung – fertig – in den Händen zu halten, sondern stattdessen ein sorgsam redigiertes Jahrbuch.

Am Anfang stand ein Fanzine

Das Geheimnis hinter den immer wieder neuen Überraschungen, die uns die Frieze Art Fair bietet: ihre charaktervollen Direktoren Amanda Sharp und Matthew Slotover. Die beiden lernten sich im Studium kennen. 1991 gründeten sie das Kunst-Fanzine „Frieze", aus dem dann 2003 die Frieze Art Fair entstehen sollte.

Die Frieze Art Fair findet seither jährlich im Regent's Park statt, in einem eigens vom Londoner In-Architekten David Adjaye gestalteten Zelt, das jedes Jahr binnen sieben Tagen

Die Züricher Galerie Eva Presenhuber zeigte auf der Frieze 2009 nur zwei Künstler, nämlich Ugo Rondinone und Dieter Roth. In der Mitte der Ausstellungsfläche stand ein fast acht Meter hoher Baum aus Aluminium, den der Schweizer Rondinone geschaffen hat.

Ugo Rondinone:
a day like this.made of nothing and nothing else. 2009. Aluminium cast, painted white. Ed. 1/3 + 1 AP, 530 x 455 x 510 cm.

aus dem Boden gestampft werden muss. Das Errichten der vier Meter hohen Wände ist eine diffizile Angelegenheit – geklappt hat es dennoch bisher in jedem Jahr, auch wenn daran im Debütjahr Zweifel aufkamen: Der Aufbau war noch nicht abgeschlossen, als bereits die ersten Kunstlieferungen eintrafen. Für einen kurzen Moment schwante Sharp und Slotover, dass dieses Projekt, für das sie hohe Hypotheken auf ihre Häuser aufgenommen hatten, ein

Stephanie Syjuco ließ 2009 an ihrem "Copystand" Werke der Messe mit preiswerten Materialien wie Papier, Pappe, Ton und Klebeband nachbilden. Der Erfolg war riesig, auch wenn einige Galeristen bereits nervös wurden, wenn sie das Copygirl auf der Suche nach neuen Werken zum Kopieren über die Messe schlendern sah.

Stadt	London
Veranstaltungsort	Regent's Park
Datum	Oktober
Gegründet	2003
Schwerpunkte	Internationale zeitgenössische Kunst.
Galerien	150
Besucher	60.000
Rahmenprogramm	Projects: Vorstellung neuer Auftragsprojekte in einer kuratierten Sonderschau. Frame: Knapp 30 internationale, junge Galerien stellen Einzelpositionen vor. Talks: Tägliches Programm mit Keynote Lectures, Diskussionen und Panels. Film: 2009 fand Frieze Film erstmalig statt. Die dänische Künstlergruppe Superflex kreierte ein vierteiliges Filmprojekt, das in einem eigens errichteten Kino gezeigt wurde. Die vier Auftragsfilme wurden außerdem in der Sendung „3 Minute Wonder" auf Channel 4 gezeigt. Music: Realisierung eines Auftragsprojekts im Bereich Musik oder Tanz. Education: Von Künstlern geleitete Workshops für Kinder und Jugendliche. Cartier Award: Kunstpreis, der einem außerhalb Großbritanniens lebenden Künstler ermöglicht, ein Projekt auf der Frieze Art Fair zu realisieren.
Leiter	Amanda Sharp & Matthew Slotover
Internet	www.friezeartfair.com

Fiasko werden könnte. Wurde es aber nicht – ganz im Gegenteil. Es war das erste Jahr, das Debüt der Frieze, und weltweit schwärmten die Feuilletons davon, dass hier in London eine Messe für zeitgenössische Kunst entstanden sei, die sich von allem Existierenden abhob. Selbst der britische Kunstkritiker Brian Sewell, der selten ein gutes Haar an etwas lässt, adelte die Messe zum „wichtigsten zeitgenössischen Kunstevent in Europa." Welch ein Achtungserfolg am britischen Markt für zeitgenössische Kunst, der lange Zeit nur wenig entwickelt war. Anfang der Neunzigerjahre gab es gerade einmal fünf zeitgenössische Galerien in London. Diese Zahl hat sich vervielfacht – die Frieze trägt ihren Anteil daran.

DIE NEBENMESSEN DER FRIEZE ART FAIR

So bemerkenswert gut, wie die Frieze Art Fair durch die Krisenjahre gekommen ist, so ausgedünnt präsentiert sich das Programm an Nebenmessen. Red Dot und Konsorten sind verschwunden, die Scope Art Fair setzte zwischenzeitlich aus. Einziger Fels in der Brandung ist die Zoo Art Fair, die sich als feste Größe etabliert hat.

Zoo Art Fair

Wie kann man neben einer so innovativen Messe wie der Frieze Art Fair noch die Rolle der Satellitenmesse als Innovationstreiber ausfüllen? Nur, indem man der erwachsen gewordenen Frieze eine rotzfreche, pubertierende kleine Schwester gegenüberstellt.

Sehr pittoresk sieht es schon aus, wenn man sich zur Zoo Art Fair in ein ehemaliges Fabrikgebäude im östlichen London begibt. Sehr spannend wird es dann innendrin: Nur junge, teilweise sehr junge Galerien aus Großbritannien und dem europäischen Ausland werden hier gezeigt. Da geht es bisweilen etwas unreif und nicht ganz ausgegoren zu, in jeder Ecke schwingt aber der rohe Charme der Off-Szene mit.

Das Besondere: Was auf den ersten Blick nach einer sympathischen Künstlerinitiative von nebenan aussieht, arbeitet mit höchsten künstlerischen Ansprüchen. Fast alle der vertretenen jungen Galerien tauchen auch auf den anerkannten Sprungbrett-Messen wie der Liste Basel auf. Und die Unterstützerliste an etablierten Institutionen, humorvoll als „Honorary Zoo Keepers" tituliert, liest sich wie ein Who is Who des Kunstmarktes.
www.zooartfair.com

Scope London

Im Massensterben der Londoner Satellitenmessen versucht die Scope Art Show, sich zu behaupten. Zum Höhepunkt der Krise, 2009, setzte man aus. Ab 2010 ist die Scope wieder dabei. Ob man dauerhaft das Manko überwinden kann, dass die Londoner Ausgabe der Scope unter dem Niveau der Schwestermessen in Basel und New York liegt, muss sich noch zeigen. Zu wünschen wäre es: Mit ihrer Location in den Gebäuden des London Lord's Cricket Ground entfaltet die Scope eine entspannte, familiäre Atmosphäre, deren Reiz man sich nicht entziehen mag.
www.scope-art.com

FIAC

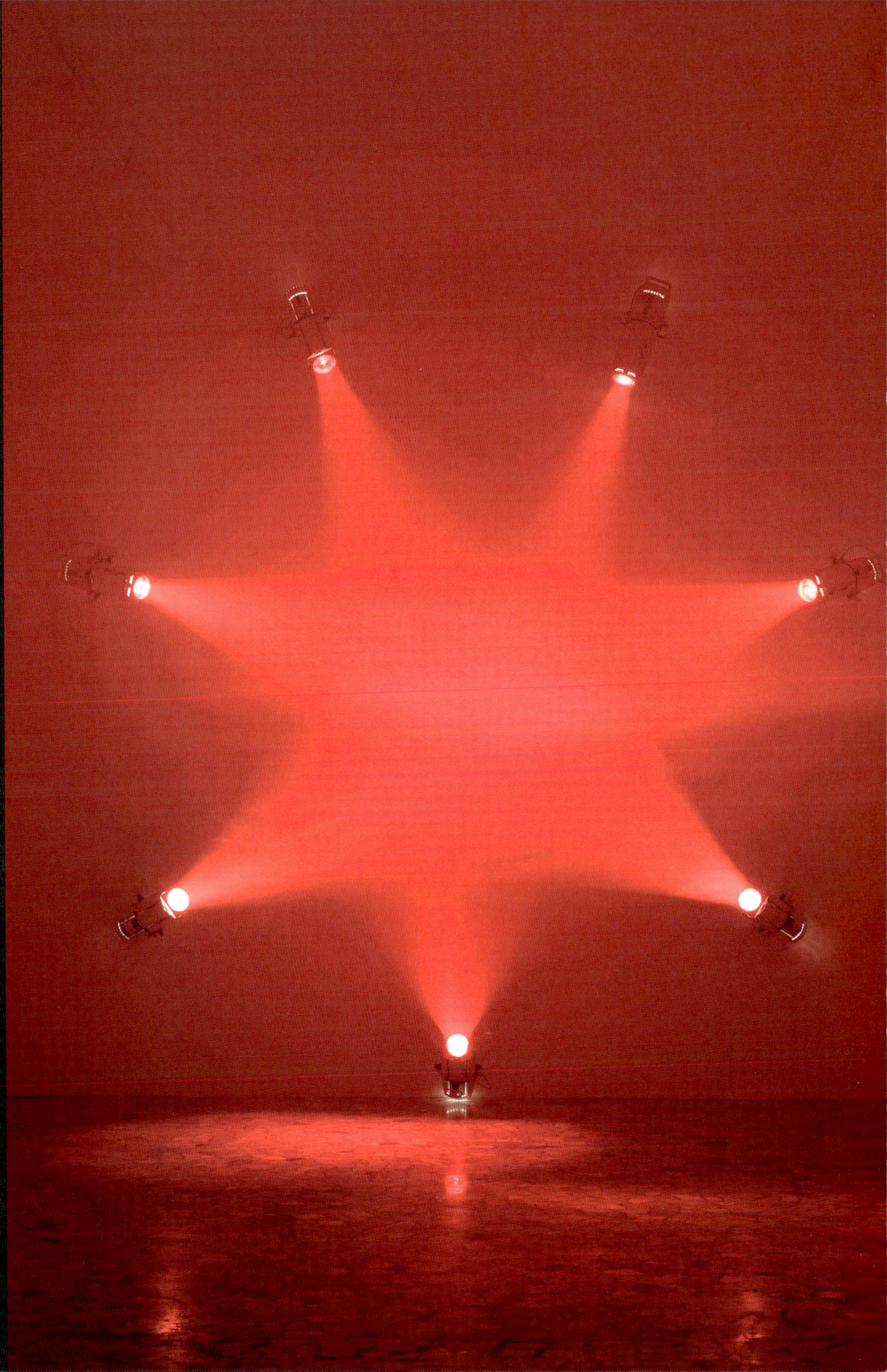

Die FIAC ist die elegante Dame unter den internationalen Top-Messen. Man muss sich nur an einem der beiden (!) Eröffnungstage durch die Menschenmassen drängeln, sei es an Tag eins im Zelt auf der Cour Carrée des Louvre oder an Tag zwei durch die lichte, aber leider auch etwas zugige Halle des Grand Palais, um sich davon überzeugen zu können, wie der Messestandort Paris tickt. Man spürt die klare Ansage: Hier in Paris sind die Sammler. Hier ist das Establishment. Hier herrscht der gute Stil. Schrille Auftritte und greller Promi-Kult sind nicht das Ding der FIAC.

Das spiegelt sich auch im Angebot wider. Böse Zungen würden sagen: zu konventionell, zu bürgerlich, zu berechenbar. Die langjährigen Freunde der FIAC sehen das anders. Sie schätzen die Beständigkeit der Messe und die Solidität der Auswahl, mit der sich die Galerien dem Pariser Publikum präsentieren. Genau diese Verlässlichkeit hat die FIAC gestärkt aus der Wirtschaftskrise hervorgehen lassen.

Jenseits aller oberflächlichen Provokation mit Sex-Themen beleuchtet Marina Abramović auf der FIAC 2008 die Sexual- und Fruchtbarkeitsriten auf dem Balkan. In ihrem Video „Balkan Erotic Epic" greift sie unter anderem eine alte Tradition auf, nach der Frauen bei anhaltendem Regen auf das Feld gehen und ihre Kleider anheben, um den Regen fortzujagen.

Marina Abramović: Balkan Erotic Epic (Women in the Rain). 2005. Still frame from video.

Links
Ann Veronica Janssens hat auf der Biennale von Venedig 1999 einen der eindrucksvollsten Länderauftritte der letzten Jahrzehnte gestaltet: Sie vernebelte den belgischen Pavillon. Auf der FIAC 2008 erzeugte sie erneut einen Nebelraum, dieses Mal eingehüllt in rosa Licht, bei der Galleria Alfonso Artiaco.

Ann Veronica Janssens: Rose. 2007. Seven Projectors 600 Watt. Artificial fog machine. 360 cm diameter, 230 cm depth. Edition of 3.

Der Cour Carrée du Louvre war zur FIAC 2009 Standort eines raumgreifenden Zelts, in dem die FIAC junge Galerien und neue Positionen präsentierte. Das Angebot auf dem Cour Carrée stellte sich als erfrischender Gegenentwurf zu der konservativeren Kunstauswahl im Grand Palais dar.

Die FIAC peilt wieder das Spitzenfeld an

In all den erfolgreichen Jahren ihres Bestehens musste sich die FIAC gegen starke regionale Konkurrenz wehren: In den Neunzigerjahren war es die Art Cologne, in den 2000ern die Frieze – gerade diese Messe wurde für die FIAC zur Schicksalsfrage, trauen sich doch nur wenige Sammler und noch weniger Galerien den Marathon zu, gleich beide terminlich direkt aneinander anschließenden Kunstschauen mitzumachen. Die FIAC antwortete auf diese Herausforderung ab 2004 zunächst mit Wachstum: Immer mehr Galerien, immer mehr Besucher. Eine Design-Sektion und ein Skulpturengarten wurden eingeführt, die es beide noch heute gibt. Interdisziplinäre Kultur-Events von Konzerten bis hin zu Performances hielten Einzug. Dennoch musste die FIAC gegen ihren Bedeutungsverlust ankämpfen, zu stark war die Strahlkraft des neuen Londoner Lieblingskindes der Kunstszene.

Das scheint sich nun allmählich zu ändern: Amerikanische Sammler, die Paris bislang weitgehend ignoriert haben, wenden sich mehr und mehr der FIAC zu. Eine Handvoll von ihnen, unter anderem Estrellita Brodsky und Adam Lindemann, wurden in den letzten Jahren gesichtet. Auch internationale Galerien zeigten auf der FIAC Flagge. Paris gilt nach wie vor – und ganz besonders in Zeiten der Wirtschaftskrise – als guter Kunstmarkt. Denn hier gibt es eine starke Sammlerszene. Das bewegte unter anderem Galerie-Giganten wie Gagosian zur Eröffnung einer Pariser Dependance.

Die FIAC mit ihrer eher konservativen Aufstellung, die den großen Hype der späten Neunziger und frühen 2000er verpasst hatte, zeigte sich beim Platzen der großen Kunstblase überraschend stabil. New Yorker Größen wie Paula Cooper, Marian Goodman, Cheim & Read oder Luhring Augustine konnten in den vergangenen Jahren bereits zurückgewonnen werden. Gestärkt drängt die FIAC zurück in die erste Garde der Kunstmessen – dort wo sie sich einst, in den Achtziger- und frühen Neunzigerjahren, befunden hatte.

Im Herzen die Nummer eins

Die entsprechende Attitüde zeigt die Messe schon jetzt. So wird den Galerien eine Standmiete abverlangt, die sogar noch jene der ultimativen Leitmesse Art Basel um gut 15 Prozent übersteigt. Das schreckt die Kunsthändler allerdings kaum ab. Jahr für Jahr hat die FIAC eine große Zahl an Bewerbungen, aus denen sie auswählen kann.

Die „neue" FIAC wächst nicht mehr äußerlich, sondern nach innen: Die Reduzierung der Teilnehmerzahlen, das straffere Konzept, die Einrichtung eines jungen Bereichs, vor allen Dingen aber der Umzug zurück in das zauberhafte Grand Palais haben das Comeback unterstützt. Er habe noch nie eine so konzentrierte Messe gesehen, sagte Schauspielerlegende und Sammler Dennis Hopper bei seinem Besuch 2006, dem ersten Jahr nach der Übernahme der FIAC durch Reed Exhibitions, die der aufgeblähten, unübersichtlichen Pariser Kunstschau mit Martin Bethenod und Jennifer Flay eine neue Doppelspitze und dem Messekonzept eine Gesundschrumpfungskur verpassten.

Noch ist die neue Attraktivität fragil: Dass sich Gagosian, Acquavella, L&M Arts, PaceWildenstein und einige andere Blue-Chip-Galerien 2009 in der abgetrennten, beeindruckenden Sonderschau „The Modern Project" – einer Art Mini-Museum inmitten der Messe – präsentierten und dort konzentriert 24 Meisterwerke des 20. Jahrhunderts von Picasso bis Bacon zeigten, ist zunächst einmal ein Highlight der Sonderklasse. „The Modern Project"

Die Galerie Jocelyn Wolff präsentiert auf der FIAC 2009 die neuen, farbstarken Ölgemälde der Schweizerin Miriam Cahn.

Miriam Cahn: Das Hirn meiner Mutter. 25./26.4.04. Oil on canvas, 186 x 270 cm.

verbarg sich allerdings in einem großen, hellgrauen Kubus. Schwarzgekleidete Wachleute und Kordeln markierten: Hier beginnt der High-End-Bereich der FIAC. Die Preise lagen fast durchgängig im zweistelligen Millionenbereich – umso tragischer, dass sich Supersammler und Milliardär Bernard Arnault den Bereich bereits angeschaut hatte, bevor viele der Galeristen eingetroffen waren. Als sie ihren Stand bezogen, war Arnault schon lange wieder weg – welch eine vergebene Chance!

Was auffällt und etwas irritiert: Die Top-Galerien präsentierten sich in dieser exklusiven „Schau in der Schau", waren aber im regulären Bereich der Messe nicht vertreten. Das allgemeine Publikum blieb außen vor. Zeitgenössische Akzente? Fehlanzeige. Die Galerien, die ihre Stände im Schatten der Sonderausstellung im „normalen" Bereich hatten, kritisierten zugleich, dass sie durch den überdimensionierten Kubus für das Publikum fast unsichtbar waren. Der Status der Messe wird sich in Zukunft daran messen lassen müssen, ob es ihr gelingt, dauerhaft amerikanische Top-Galerien an sich zu binden und sie in den normalen Messebetrieb zu integrieren. Neben den genannten Zugewinnen hat die FIAC in den letzten Jahren auch Schwergewichte wie David Zwirner, White Cube oder Hauser & Wirth verloren.

„Später Hitchcock trifft 80er-Kitsch", schrieb das Frieze Magazin über Keren Cytters „Four Seasons", in dem die israelische Künstlerin eine absurde, beängstigende Geschichte ausbreitet – auf der FIAC 2009 präsentiert von der Londoner Pilar Corrias Gallery.

Keren Cytter: Four Seasons. 2009. Video Still.

Neue Bescheidenheit

Wenn man näher hinschaut, fällt auf, dass unter den gezeigten Künstlern die ganz großen modernen und zeitgenössischen Namen häufig fehlen. Konservativ hin, konservativ her: Was die FIAC bisweilen an Mut vermissen lässt, macht sie dadurch wett, dass man hier eher wenig von den immer gleichen Bestsellern sieht. Es wird nicht mehr geklotzt, sondern auf Verkäufe in der Preiskategorie um die 50.000 Euro gesetzt. Das liegt im internationalen Trend und wird von den Sammlern geschätzt.

Die einheimischen Sammler gelten als vorsichtige und bedächtige Käufer. Sie entscheiden sich selten schon in den ersten Tagen zum Kauf und neigen nicht dazu, jeden Hype mitzumachen. Nichtsdestotrotz strömen sie so sehr wie nie zuvor an die Seine: Mittlerweile

Links
Mit minimalistischen Interventionen – eine Verspiegelung des Bodens, Beugungsgitter auf den Glasflächen und die Toneinspielung mit den Atemgeräuschen der Künstlerin – hat Kimsooja den Kristallpalast in Madrid in ein Raum- und Klangerlebnis verwandelt. Auf der FIAC 2009 in einem Leuchtkasten zu bewundern, korrespondiert das Werk hervorragend mit der Architektur des Grand Palais.

Kimsooja: To Breathe – A mirror woman. 2006. Lightbox made from the site specific installation „To Breathe – A mirror woman" at the Crystal Palace, Madrid. Diffraction grating film, mirror, The Weaving Factory, 2005 (sound performance by the artist).

Das Grand Palais bildet einen der attraktivsten architektonischen Rahmen der internationalen Messeszene. Unter der gewölbten Dachkonstruktion aus Stahl und Glas entfaltet sich eine atemberaubende, lichtdurchflutete Luftigkeit – bei leider manchmal etwas störendem Zugwind. Im Vordergrund der Stand der Brüsseler Galerie Baronian Francey mit zwei Skulpturen von Wang Du, 2006.

Wang Du: Femme, Femme, Femme. 2006. Resin, 170 x 55 x 55 cm.

knackt die Messe die 80.000-Besucher-Grenze, und wer sich vor dem Grand Palais am Schild „Von hier ab 1,5 Stunden Wartezeit bis zur Kasse" einreiht, fühlt sich als Teil einer großen Gemeinschaft.

Die örtliche Trennung der Messe zwischen Grand Palais und dem Zelt auf dem Cour Carrée mag zunächst verwirren. Die FIAC stellt sich hierdurch aber gleich in zweierlei Hinsicht – auch und gerade gegenüber dem Wettbewerber Frieze – stark auf: Mit dem Moderne-lastigen Kernbereich im Grand Palais grenzt sich die Messe gegen das rein zeitgenössische Konzept der Frieze ab. Das massive Zelt auf dem Hof des Louvre mit seinen kettenrauchenden, französischen Kunstliebhabern vor den Eingängen, ist frisch und deutlich mutiger als die Location der Frieze und damit in sich ein gelungenes Konkurrenzprodukt. Die konzeptionelle Trennung zwischen den beiden Standorten scheint nicht immer ganz stimmig zu sein – aber Schwamm drüber. Entscheidend ist, dass sich die FIAC die Schizophrenie erlauben kann, ihr konservatives, solides Image zu bewahren, gleichzeitig aber junge Positionen zu bringen und frische Akzente zu setzen.

Beeindruckend ist der Spaziergang zwischen beiden Orten durch den Jardin des Tuileries, wo die Galerien ihre verkäuflichen Monumental-Skulpturen ausstellen. Wer durch den berühmten Pariser Schlosspark geht, wird unweigerlich spüren, wie die FIAC ihre räumlichen Begrenzungen gesprengt hat und Eins mit der Stadt geworden ist. Welch ein Segen, dass die gesichtslosen Jahre in den Messehallen an der Porte de Versailles vor den Toren der Stadt seit 2006 vorbei sind!

Mit der Rückkehr in die Innenstadt konnte sich die FIAC besser in der Pariser Kulturszene verwurzeln. Der inzwischen beim Kulturministerium tätige einstige Co-Direktor der FIAC, Martin Bethenod, verstand es in seinen Jahren als Leiter der Messe exzellent, die reiche

Infrastruktur an Kultureinrichtungen auf die FIAC einzustimmen und allerorten Sonderschauen, Events und Ausstellungen zu initiieren. In den vier FIAC-Tagen surrt die ganze Seine-Metropole.

Eine Performance, die keine war

Mit dem Image, kreuzbrav und ein wenig bourgeois zu sein, verbietet sich die FIAC die meisten Provokationen. Dieses Klischee wird sich wahrscheinlich ewig halten, und deshalb gelingt es der Messe auch immer wieder, mit fein dosierten Skandalen für Aufsehen zu sorgen.

So wie an jenem Freitag auf der FIAC 2008: Polizisten suchten die Messepräsenz der Moskauer Galerie XL auf und hängten Bilder des russischen Künstlers Oleg Kulik ab. Auf den Fotos war Kulik nackt gemeinsam mit Tieren zu sehen. Sodomie!, lautete der Vorwurf. Die Polizisten versuchten, den Blick auf die Koje zu versperren und forderten die Besucher zum Weitergehen auf. Die reagierten allerdings kunstversiert und lasen das Geschehen sofort als Performance. Aber die Ordnungshüter meinten es ernst. Der Moskauer Galerist, der zusammen mit den Bildern aufs Polizeirevier geführt wurde, nahm es derweil gelassen. Den Nachrichtenagenturen diktierte er in die Mikrofone, dass sich die Polizisten sehr korrekt verhalten hätten. Nach einigen Stunden Verhör durfte er zurück an seinen arg zerrupften Stand.

Es ziehen sich viele aufsehenerregende Ereignisse durch die Geschichte der FIAC. 1977, in den Anfangsjahren der Messe, verkaufte die Künstlerin Orlan, bekannt durch ihre fast pornografische Kunst, in der sie ihren eigenen Körper zum Mittelpunkt machte, vor dem Eingang der Messe für fünf Französische Francs Küsse an die Besucher. Ein lebensgroßes Abbild ihres Körpers war in einen Glücksspielautomaten verwandelt. Nachdem man zwischen den Brüsten der Maschine fünf Francs eingeworfen hatte und die Münze bis in den

Besucher bleiben stehen, um die Harzskelette von Javier Perez anzusehen, die am Vorabend der Öffnung der FIAC 2008 tanzen.

Javier Perez: Aria da capo. 2008. Polyester resin, horsehair, music box Reuge Music limited edition, metallic cable, motor, mirror, 280 x 110 x 110 cm, mirror: 250 cm.

Genitalbereich hinabgleiten sehen konnte, erhielt man von der Künstlerin einen Kuss. Diese feministische Performance sorgte damals für einen gehörigen Skandal, für Orlan war es der Durchbruch.

Heute kommen Provokationen meistens brachialer daher, und sie spielen nicht mehr so oft mit sexuellen, sondern mit politischen Themen: So zeigte die Zürcher Galerie Hauser & Wirth im Jahr des Kulik-Zwischenfalls das verstörende und sich nicht gerade zum Kauf anbiedernde Werk „Ford Scorpio Ghia" von Christoph Büchel. Der Künstler hatte sich aus dem Internet eine Bauanleitung von Al Qaida für Autobomben besorgt und damit ein Fahrzeug in die Luft gejagt. Auf der FIAC wurde das zertrümmerte Auto auf eine Drehscheibe gesetzt, gerade so, als sollte es angepriesen werden. Da blieb auch dem routinierten Pariser Publikum ein Kloß der Beklommenheit im Hals stecken.

Stadt	Paris
Veranstaltungsort	Grand Palais/Cour Carrée des Louvre
Datum	Oktober
Gegründet	1974 gegründet als Premier salon international d'art contemporain 1975 Umbenennung in Foire internationale d'art contemporain (FIAC)
Schwerpunkte	Internationale Moderne und zeitgenössische Kunst.
Galerien	194
Besucher	80.000
Rahmenprogramm	Tuileries Gardens: Outdoor-Kunst-Projekt in Zusammenarbeit mit dem Musée du Louvre im Jardin des Tuileries. Prix Marcel Duchamp: Sonderpreis für junge, in Frankreich lebende Künstler. Prix Lafayette: Der Kaufhauskonzern Galeries Lafayette unterstützt junge Galerien durch einen Zuschuss zu ihren Standkosten. Ein Künstler der unterstützten Galerien wird mit dem Preis ausgezeichnet, und eines seiner Werke wird von den Galeries Lafayette angekauft.
Leiter	Jennifer Flay
Internet	www.fiac.com

DIE NEBENMESSEN DER FIAC

Show Off Paris

Verwinkelt, chaotisch und brütend heiß ist es auf der Show Off. Malerisch in einem Zelt direkt an der Seine gelegen, zu den Füßen des Grand Palais, widmet sie sich jungen Positionen – und lasst ab 2010 einzig und allein Soloschauen zu.
www.showoffparis.fr

Chic Art Fair

Mit dem Verkauf der hippen Slick Art Fair hat sich die Führungscrew in einem neuen Messeprojekt zusammengetan: die Chic Art Fair. An Ambitionen mangelt es dabei nicht: Mit 60 zeitgenössischen Kunstgalerien und zehn aufstrebenden Designgalerien will die Chic Art Fair bereits im ersten Jahr ihres Bestehens 35.000 Besucher in die Cité de la Mode et du Design am Seine-Ufer locken – und mindestens genau so cool sein wie das Vorgängerprojekt.
www.chic-artfair.com

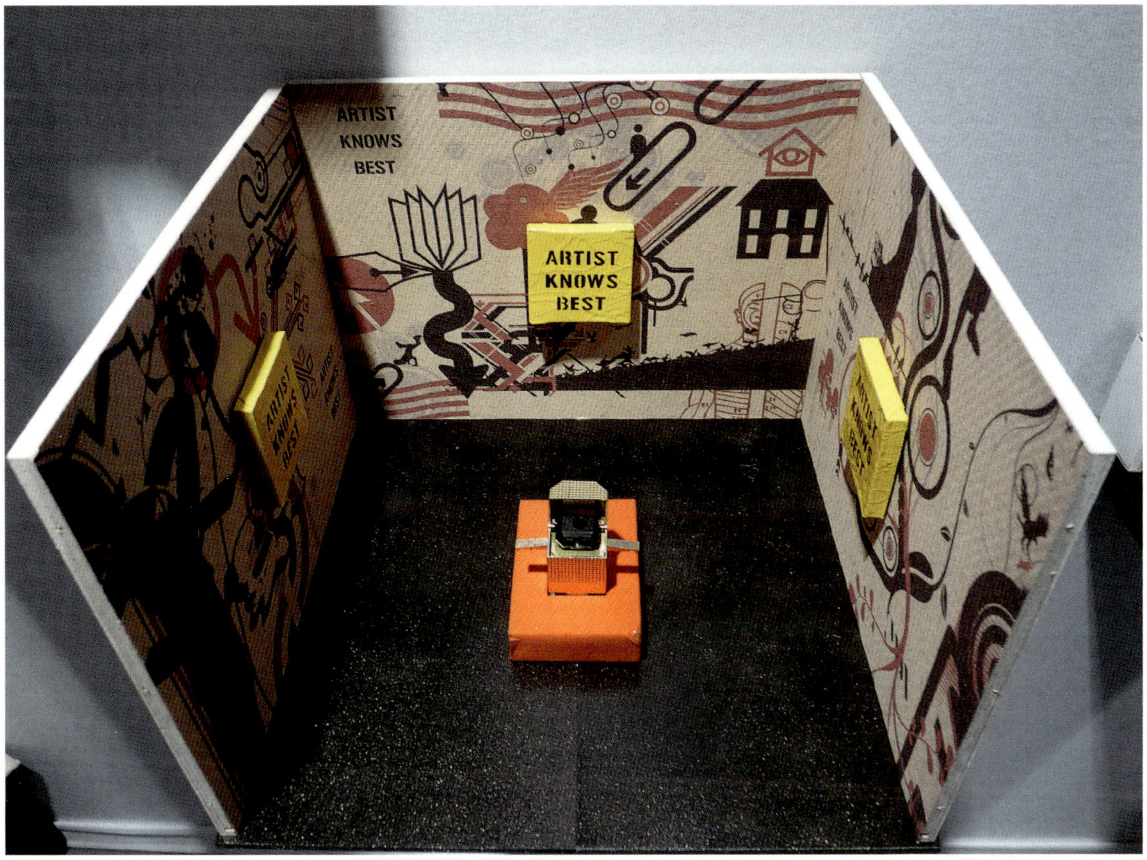

Die Künstlergruppe Icoba, bestehend aus Ward Yoshimoto, Juan Doe und Bruno Hadjadj, stellte auf der Cutlog 2009 die „P.O.Box Gallery“ aus.
Der 34 x 34 x 24 cm große Kasten ist Icobas Kommentar zum Messegeschäft: Der Betrachter schafft vor seinem inneren Auge Werte, die physisch an einem fiktiven Galeriestand realisiert werden.

Icoba: P.O.Box Gallery. 2009. Mixed media, 34 x 34 x 24 cm.

Cutlog

Seit 2009 mit im Rennen der Nebenmessen ist die Cutlog im beeindruckenden Kuppelbau der Bourse de Commerce. Durchaus ambitioniert, holt die Cutlog die FIAC-Gäste mit einem Mercedes-Shuttle ab und bringt sie in das Börsengebäude. Die Messe: Klein und überschaubar mit rund 30 Galerien, von denen nur ein Drittel aus Frankreich kommt. Die Cutlog will nicht auf Teufel-komm-raus jung und innovativ sein, ist aber durchweg originell.
www.cutlog.org

Art Élysées

Die Art Élysées residiert zentral und attraktiv in Zelten an den Champs-Élysées. Das überwiegend auf französische Galerien setzende Profil verspricht einen jungen Schwerpunkt. Der äußert sich bislang in einer gewissen chaotischen, durchaus erfrischenden Stimmung, nicht immer aber auf einem qualitativ überzeugenden Niveau.
www.artelysees.fr

ART TORONTO

Im Schatten der großen US-Messen ist etwas Bemerkenswertes gediehen. Die Art Toronto, Kanadas einzige Messe für Moderne und zeitgenössische Kunst, hat sich seit ihrer Gründung gemausert und begonnen, Galerien und auch Sammler aus dem Ausland anzuziehen. Vor allem aber bietet sie Grund für den wachsenden Kreis kanadischer Sammler, nicht länger in die Staaten pilgern zu müssen, wenn sie gute Qualität sehen und kaufen wollen.

Die Messe gilt als eher konservativ, bemüht sich aber beim näheren Hinsehen sehr um innovative Formate. Sie glänzt jedoch auch durch ritualisierte Rahmenprogramme, so wie die kuratierte „News at Five"-Sonderschau, bei der jeweils um fünf Uhr Kurator und Künstler weitere Exponate der Schau enthüllen: Ein Hauch von „Art in Progress".

The Legacy of Joseph Wagenbach: Iris Häussler 2006 als Stadtarchivarin in einem der Räume des Hauses, das vom fiktiven Joseph Wagenbach in ein verschlossenes Skulpturenatelier umgewandelt worden war.

Iris Häussler: The Legacy of Joseph Wagenbach. 2006. Installation and performance.

Der Nachlass des Joseph Wagenbach

Wunderbar auch die „T at Three"-Reihe: Unaufgeregte und ernsthaft interessierte Einzelinterviews, weit entfernt vom üblichen Geplauder auf dem Podium. Beispiel: Iris Häussler, die 2006 mit ihrer Installation „The Legacy of Joseph Wagenbach" Aufsehen erregte. Häussler stellte dabei in einem unauffälligen Wohnhaus das Leben des fiktiven 1929 in Deutschland geborenen und nach Kanada eingewanderten Einsiedlers Joseph Wagenbach dar. Das Haus: gefüllt mit den sonderbarsten Skulpturen des exzentrischen Bewohners. Gäste konnten sich anmelden und sich von einer Archivarin – Häussler selbst – im weißen Kittel durch die vermeintliche Wohnung Wagenbachs führen lassen. Bei „T at Three" konnte Häussler die

Links
Russell West trennt sich vom klassischen Medium Leinwand und trägt seine Farben auf Drahtseilen auf. Damit erhalten die Bilder eine dreidimensionale Stofflichkeit. Die strahlende Farbe spricht für sich selbst und darf durch ihr Verhalten auf dem dünnen Untergrund selbst am Entstehungsprozess mitwirken. Gesehen bei der Londoner Woolff Gallery auf der Art Toronto 2009.

Russell West: Chunk 2009. Oil on wire on board, 69 x 86 cm.

Cal Lanes „Love Rug“ entzückte nicht nur das Publikum, sondern auch das Kunstmuseum Art Gallery of Ontario. Die öffentliche Kunstsammlung erwirbt jedes Jahr drei Kunstwerke auf der Art Toronto. 2009 fiel ihre Wahl unter anderem auf „Love Rug“, ein minutiös mit Spitzenmuster versehenes, entrolltes Ölfass.

Cal Lane: Love Rug. 2008. Petroleum Barrel, Plasma cut.

Facetten dieses Projekts darlegen, vor allem aber verkaufte sie erstmals Zeichnungen des fiktiven Wagenbach über die Wiener Galerie Grita Insam.

Innovative Formate

Die Art Toronto versteht es, sich mit ständig neuen Formaten zu inszenieren: So integriert sie Sonderschauen darüber, wie zeitgenössische Kunst das ökologische Bewusstsein stärken kann. Sie initiiert Programme, bei denen bekannte kanadische Künstler Kurse für Kinder geben, deren Werke später auf der Art Toronto ausgestellt werden. Und in der Canadian Painting Competition treten junge professionelle Künstler aus den verschiedenen Regionen Kanadas gegeneinander an.

Jedes Jahr unterstützt das renommierte Kunstmuseum Art Gallery of Ontario (AGO) ausstellende Künstler und Galerien, indem es drei Highlights der Messe erwirbt. In den letzten Jahren unter anderem bemerkenswert: Cal Lanes Skulpturen, die aus minutiös, beinahe papierscherenschnittartig bearbeiteten Ölfässern, Autotüren und schweren Metallteilen bestehen. 2009 meldete die Galerie Art Mûr, dass Lanes Werk „Love Rug", ein mit in Metall gearbeitetem Spitzenmuster versehenes Ölfass, von dem sich die Spitzen-Schicht abrollt, den Sprung auf den Einkaufszettel der AGO geschafft hatte – verdientermaßen.

Vom erfolglosen Musiker zum Messemacher

Die besondere, persönliche Atmosphäre der Art Toronto ist auf den Gründer und Leiter der Messe, Linel Rebenchuk, zurückzuführen. Rebenchuk, der Mitte der Achtzigerjahre aus Rumänien nach Kanada floh, schlug sich jahrelang eher erfolglos als Musiker durch. Nachdem er eine Galerie in Vancouver gegründet hatte, stieg er Schritt für Schritt zu der Person auf, die er heute ist: Ein zentraler Name der kanadischen Kunstszene und Leiter der einzigen zeitgenössischen Messe des Landes.

Nur ein Jahr nach Gründung der Messe schien der 11. September das gesamte Projekt zunichte zu machen. Die kanadische Kunstszene hielt die Luft an, aber dann kamen sie dennoch alle: Galeristen wie Sammler, vereint in einer merkwürdig melancholischen Stimmung der Zusammengehörigkeit. Vielleicht ist es dieses Gemeinschaftsgefühl, das die Messe bis heute auszeichnet – obwohl sie 2009 verkauft wurde und in dem Messe-Imperium der MMPI (Armory Show, Art Chicago, Volta) aufgegangen ist.

Stadt	Toronto
Veranstaltungsort	Metro Toronto Convention Centre
Datum	Ende Oktober/Anfang November
Gegründet	2000 gegründet als Toronto International Art Fair (TIAF) 2009 Umbenennung in Art Toronto
Schwerpunkte	Internationale Moderne und zeitgenössische Kunst.
Galerien	92
Besucher	18.000
Rahmenprogramm	The News at Five: Wechselnde Sonderschau, kuratiert vom Kunstmagazin-Redakteur Richard Rhodes. Solo Spaces: Sieben Künstler zeigen Soloprojekte, verteilt über den Messebereich. T at Three: Gesprächsreihe mit Einzelinterviews – jeden Tag um drei Uhr nachmittags. artACCESS: Talks und Führungen für neue Sammler, in Zusammenarbeit mit der Art Dealers Association of Canada. Power Talks: Diskussionsreihe mit Künstlern, Kuratoren und Kritikern.
Leiter	Linel Rebenchuk
Internet	www.tiafair.com

ARTISSIMA

Das Ende eines Marathons: Nach Berlin, London und Paris schließt die Turiner Artissima den engen Reigen der Herbstmessen. Wenn der Wettergott mitspielt, kann man noch einmal im Freien sitzen und Kaffee trinken, sonst zieht man sich in die Galleria Subalpina zurück und beobachtet die adretten und modebewussten Turiner beim Flanieren. Danach geht es raus zur Lingotto Fiere, zum Endspurt im europäischen Kunstherbst.

Man kann nur staunen, wenn man sich bewusst wird, wie es der Turiner Artissima in den vergangenen Jahren still und heimlich gelungen ist, die Konkurrenz in Mailand und Bologna abzuhängen. Mit einer überschaubaren Zahl von fast 130 Galerien, von denen nur knapp die Hälfte aus Italien kommt, ist die Artissima zur unangefochtenen internationalen Plattform des so dicht gedrängten italienischen Marktes geworden.

Neustart unter Bellini

Das Zusammenspiel mit der Turiner Triennale hat sicherlich seinen Anteil daran, dass die Messe in die erste Garde vorgestoßen ist. Manch ein Künstler, der sein Entré auf der Triennale

Links
Für die finnische Galerie TaiK war das Jahr 2009 auf der Artissima ein besonders erfolgreiches. Die Galerie meldete gleich sechs Verkäufe in italienische Sammlungen, unter anderem Hannu Karjalainens „Woman With Purple Scarf".

Hannu Karjalainen: Woman With Purple Scarf. 2009. C-Print on Diasec. Edition of 5. 150 x 120 cm.

Oben
Die Galerie Francesca Minini zeigte 2009 auf der Artissima Kutluğ Atamans Zwei-Kanal-Projektion „Journey to the Moon". Die Arbeit greift einen urbanen Mythos aus der Türkei auf, demzufolge ein Politiker in den Fünfzigerjahre die Stimmen der Wähler in einem ostanatolischen Dorf erschlich, indem er ihnen in Aussicht stellte, dort gemeinsam mit den USA eine Raumschiff-Fabrik errichten zu wollen. Ataman beleuchtet die Opferrolle der Dorfeinwohner in eindrucksvollen und poetischen Bildern.

Kutluğ Ataman: Journey to the Moon. 2009. Still photography, 31 x 41 cm.

Massimo Minini ist mit seiner 1973 im norditalienischen Brescia gegründeten Galerie eine der Größen der italienischen Kunstszene. 2009 wartete Minini mit einem besonderen Messestand auf: Er holte bislang nicht gezeigte Werke aus den Anfangsjahren der Galerie an das Licht der Öffentlichkeit und zeigte sie – versehen mit persönlichen Kommentaren.

gefeiert hat, kehrt wenig später auf die Artissima zurück. Doch das allein erklärt nicht den enormen Aufstieg dieser Messe. Der Schlüssel liegt ohne Zweifel auch bei dem Artissima-Chef und Ex-Redakteur des Kunstmagazins „Flash Art", Andrea Bellini, der die Messe von 2006 bis 2010 führte und ihr ein gänzlich neues Gesicht verlieh. Es kamen neue Bereiche hinzu wie „New Entries" – für Galerien, die weniger als fünf Jahre am Markt sind – oder „Present Future" mit jungen Positionen – beides findet man auch an den meisten anderen Messestandorten, wenn auch nicht immer so fein kuratiert wie in Turin. Wirklich einzigartig ist die Sonderschau „Back to the Future", die sich strikt an die Moderne der Sechziger- und Siebzigerjahre hält. Statt jedoch die üblichen Verdächtigen zu präsentieren, konzentriert sich diese Ausstellung auf die übersehenen Talente dieser Jahrzehnte – jene, die ihrer Zeit voraus waren und deren künstlerische Stärke erst heute voll zu Tage tritt, oder solche Künstler und Werke, die bislang nicht der Öffentlichkeit gezeigt wurden.

Die Nordirin Hannah Starkey zeigte 2009 bei der Londoner Galerie Maureen Paley ihre ausdrucksstarken Fotografien mit Frauen in Alltagssituationen. Hinter den scheinbar spontanen, voyeuristischen Blicken verbergen sich sorgsam arrangierte Szenerien, bei denen sich Starkey der Bildsprache von Spielfilmen bedient.

Hannah Starkey: Untitled, September 2008. 2008. C-type print, 122 x 163 cm.

Dieses Konzept entwickelt seine volle Stärke, wenn zum Beispiel die Galerie Massimo Minini Werke aus den Gründungsjahren der Galerie in den frühen Siebzigerjahren zeigt, die Galerist Minini bislang für sich unter Verschluss gehalten hat. Das Ergebnis glich einer kleinen, exklusiven Ausstellung mit Novitäten von Sol LeWitt bis Dan Graham – versehen mit kleinen, persönlichen Notizen Mininis zu jedem Werk.

Artissima als Entdeckermesse

Die Artissima hat sich inhaltlich auf das Neue und die Außenseiter eingeschossen – und genau das macht sie so frisch. Die großen Namen fehlen zumeist, stattdessen formulieren die lokalen Sammler die klare Forderung, Kunst zu sehen, die sie nicht kennen. Gerne auch bezahlbar – denn im Gegensatz zum luxusverliebten Mailand fehlt es in der Industriestadt Turin an einer Käuferschicht, die bereit ist, für große Namen und oberflächliche Aha-Effekte Fantasiesummen zu zahlen. Die Galerien haben dieses Nachfrageprofil erkannt und bieten überwiegend nieder- und mittelpreisige Arbeiten an. Die Messe selbst treibt es auf die Spitze, indem sie einen „Shop" eingerichtet hat, der Kleinigkeiten von Künstlern der Messe für

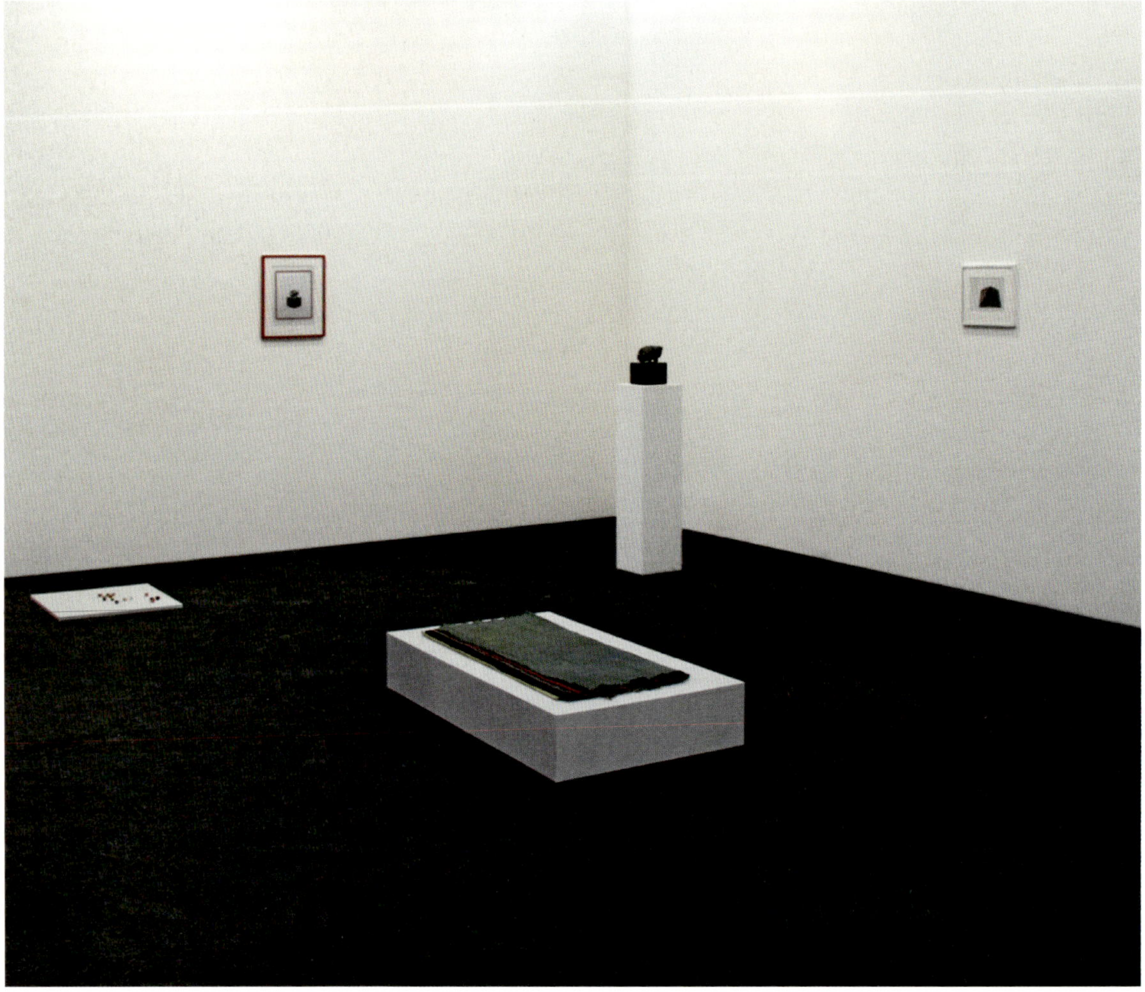

Die Galerie Croy Nielsen stemmte sich 2009 gegen den Trend. Statt die Werke thematisch breit zu streuen und eng zu hängen, präsentierten die Berliner Kunsthändler sich mit einer elegant-minimalistischen Koje im Bereich „Present Future", die von den jungen Künstlerinnen Nina Beier und Marie Lund gestaltet wurde.

Nina Beier and Marie Lund: Present Future. Artissima, 2009 with Croy Nielsen, Berlin.

unter 500 Euro im Angebot hat: Vom Poster über künstlergestaltete Tüten und Postkarten bis hin zu Kaffeetassen und Ballons. Unter Bellini entwickelte die Messe die klare Linie, eine moderate Preisstruktur mit hohem kuratorischen Anspruch zu verbinden.

Das Denken in neuen Bahnen funktioniert: Die ausländischen Galerien strömen nach Turin. Die Sammler vor Ort sind für sie aber immer noch unbekannte Wesen. Diverse Galerien streuen deshalb thematisch breit, zeigen viele verschiedene Künstler und Stile. In mancher Koje hängen die Bilder dicht an dicht. Andere Galerien nehmen ein großes Risiko auf sich und setzen stattdessen auf einige wenige Akzente – im Wissen, dass Minimalismus im Norden Italiens geschätzt wird. Vorbildlich sah man das zuletzt von der Berliner Galerie Croy Nielsen umgesetzt, deren geradezu leer erscheinender, aber eleganter Messestand in der Nachwuchsschau „Present Future" von den jungen Künstlerinnen Nina Beier und Marie Lund bespielt wurde.

Die Uhren ticken anders – nicht alle sind zufrieden damit

Dass die Artissima anders ist als andere Messen, sieht man spätestens am Katalog. Dort, wo andere mit dicken, aufwändig produzierten, aber eher inhaltsarmen Katalogen aufwarten, bietet die Artissima mehrere unscheinbare Bände im Taschenbuchformat an, die sich der Messe aus mehreren Blickwinkeln nähern. Da gibt es zum Beispiel den Band „Everything you always wanted to know about galerists but were afraid to ask", in dem Messedirektor Bellini alte Hasen und neue Gesichter der Galerienszene interviewt. Eine wunderbare Idee – auch wenn der Konflikt, den sie auslöste, deutlich zeigt, wie schwer es fällt, im eingefahrenen Kunstbetrieb neue Wege zu beschreiten. Bellini hatte unter anderem mit Galeristen gesprochen, die überhaupt nicht auf der Artissima präsent waren – und folglich auch nicht die Kosten des Katalogs mittrugen. Andere, teilnehmende Galeristen wurden gar nicht gefragt, ob sie mitmachen wollen. So kam es zu Verstimmungen zwischen Galerien und Messeleitung.

Eine weitere Idee, nämlich jene, die Messe hinaus in die Stadt zu tragen, kennt man bereits hinlänglich aus Bologna – und mittlerweile zahlreichen anderen Städten. In Turin wird ein ansprechendes Programm auf die Beine gestellt. Auf mehreren, über die Stadt verteilten Bühnen gibt es Performances und Filmvorführungen. Auch hier murrten allerdings einige Galerien. Wer auf den Events in der Stadt herumlungere, könne seine wertvolle Zeit nicht auf der Messe verbringen. Das ginge zu Lasten der Galerien – so der Vorwurf einiger Kunsthändler. Sekundiert wurden sie in dieser Haltung von einigen Turiner Honoratioren, denen die Performances auf den Bühnen der Stadt zu – vorsichtig gesagt – progressiv waren. Als 2009 bei einer österreichischen Performance fast zwei Stunden lang Körpersekrete über die Bühne schwappten, kam es zum Skandal. Hier beweist die Turiner Messeleitung allerdings Sitzfleisch und zieht ihr Programm durch, auch in erzieherischer Absicht. So hat es einst auch in Bologna geklappt.

Die Bellini-Ära sollte sich – trotz des Erfolges – als kurzes Intermezzo erweisen. Im Februar 2010 verließ er die Messe bereits wieder und wurde durch den jungen Kurator Francesco Manacorda ersetzt. Es bleibt abzuwarten, wie Manacorda das von Bellini Erreichte aufgreifen und weiterentwickeln wird. An ihm wird es liegen, das innovative Profil der Artissima weiter auszubauen und gleichzeitig das Verhältnis zu den Galerien zu befrieden.

Stadt	Turin
Veranstaltungsort	Lingotto Fiere
Datum	November
Gegründet	1993
Schwerpunkte	Italienische und internationale Moderne und zeitgenössische Kunst.
Galerien	127
Besucher	45.000
Rahmenprogramm	New Entries: Bereich mit Avantgarde-Galerien, die seit weniger als fünf Jahren am Markt sind. Present Future: Junge Künstler erhalten die Gelegenheit, auf einer kuratierten Schau im Rahmen der Artissima auszustellen. Back to the Future: Sonderbereich der Messe mit Soloschauen von Künstlern der Sechziger- und Siebzigerjahre, die „übersehen" worden sind. Listen to the Writer: Kunstkritiker und Journalisten führen über die Artissima.
Leiter	Francesco Manacorda
Internet	www.artissima.it

CONTEMPORARY ISTANBUL

Mit dem explosionsartigen Wachstum der Galerienszene und der erfolgreichen Biennale empfiehlt sich Istanbul als kommender, internationaler Messestandort. Seit 2006 gibt es die Contemporary Istanbul. Bereits jetzt mit mehr als 50.000 Besuchern ein großer Publikumserfolg, will die Messe mit aller Macht an die internationale Spitze.

Man fühlt sich wie in London oder Paris, wenn man sich vor den Toren des Lütfi Kırdar Centres drängelt. Nachdem man schnellen Schrittes in das Kojen-Gewimmel vorgedrungen ist und sieht, dass die ersten roten Punkte bereits vor Beginn der Preview geklebt wurden, spürt man: Hier in Istanbul passiert was. Das Angebot ist durchaus bemerkenswert, qualitativ aber schwankend. Ob es der Contemporary Istanbul in Zukunft gelingen wird, Anbieter eher kunsthandwerklich orientierter Exponate noch konsequenter auszusieben?

Istanbul auf dem Weg zum regionalen Handelsplatz

Hochpreisiges sieht man bislang noch eher selten, auch wenn jüngste Ergebnisse optimistisch stimmen. Die Berlin-Istanbuler Galerie Artist war 2009 bereits nach zwei Tagen

Ein Besucher schaut auf die „Public Page 48,49,51", eine Arbeit des in Paris lebenden chinesischen Künstlers Wang Du, während der Contemporary Istanbul 2007.

Wang Du: Public Page 48,49,51. 2004. Resin, dimensions variable.

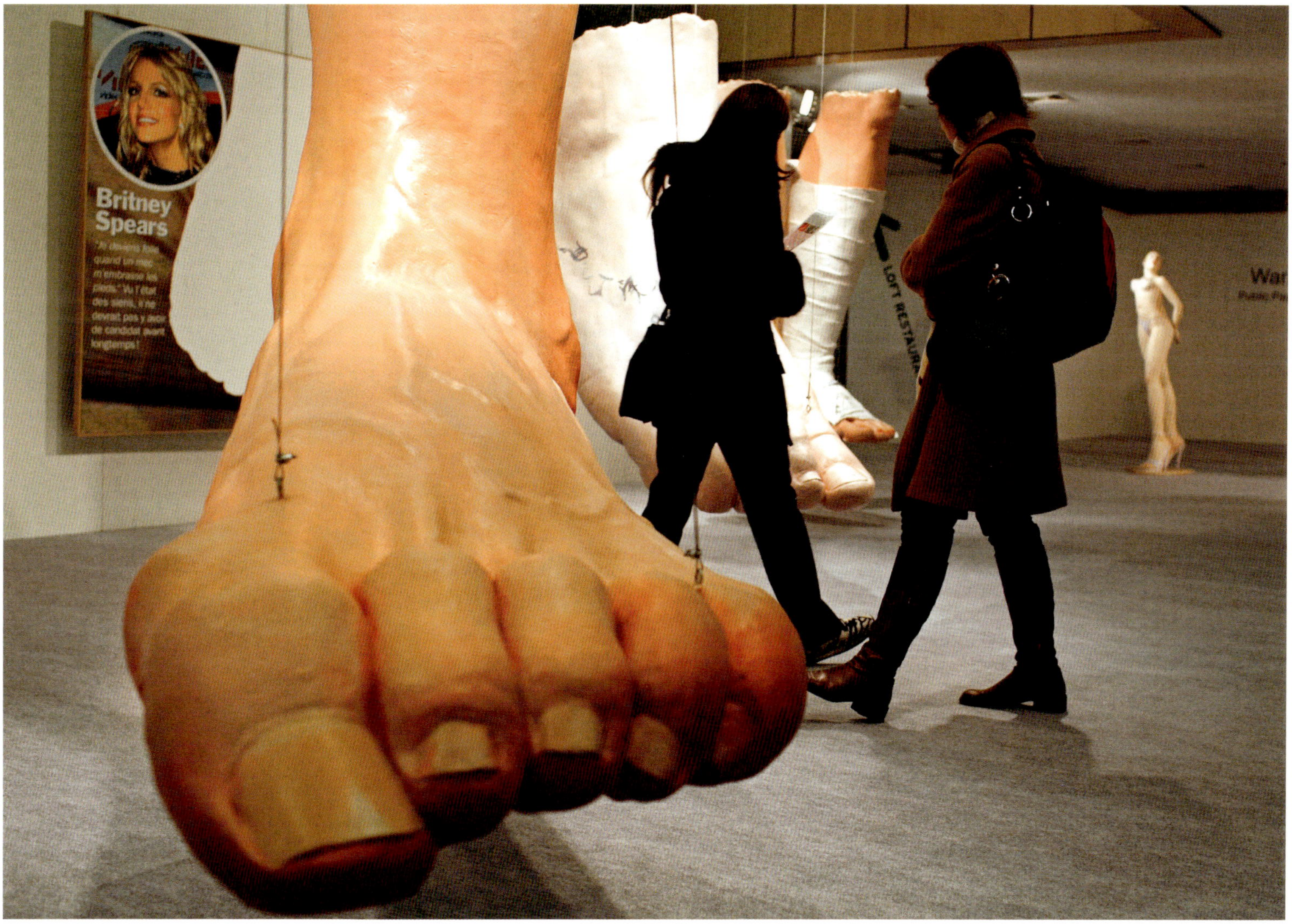

Links
Mustafa Karyağdı war auf der Contemporary Istanbul 2009 mit einer größeren Zahl beeindruckender Ölarbeiten auf Glas zu sehen. Durch das Anbringen mehrerer Glasebenen hintereinander entfalten die Werke eine beeindruckende Transparenz und befinden sich mit der Bewegung des Betrachters in ständiger Veränderung.

Mustafa Karyağdı: Illusion. 2009. Oil on Plexiglas, 135 x 95 x 30 cm.

ausverkauft und konnte unter anderem ein gigantisches, monochromes Porträt Kemal Atatürks von Jiři Georg Dokoupil für 125.000 Euro verkaufen. Mit Verkäufen von insgesamt rund zehn Millionen US-Dollar schneidet die CI ganz anständig ab, ist aber noch ein gutes Stück entfernt von den großen Wettbewerbern.

Die Sammlerszene in Istanbul ist in den vergangenen Jahren gewachsen, noch fehlt es der Messe aber an der Vernetzung mit dem Ausland. Wer Kunst aus dem Nahen Osten kaufen will, geht im Moment noch nach Dubai, vielleicht nach Abu Dhabi. Dort findet er auch die großen internationalen Galerien, zu denen Istanbul bislang nur in Ansätzen die Fühler ausstrecken konnte.

Die gerade gegründete Galerie CDA Projects zeigte 2009 auf der CI die „Africa: Doom"-Serie von Balkan Naci İslimyeli. Sie zeigt Gesichter, deren Individualität durch überlagernde Zeichen weitgehend verschwindet. In großer Zahl aneinandergehängt, beleuchtet die Serie eindrucksvoll die Anonymisierung des Menschen durch soziale Normen. Das altarabische Schriftzeichen bedeutet: „etwas verschweigen".

Balkan Naci İslimyeli: Africa: Doom II. 2009. Limited edition on canvas, 150 x 120 cm.

Mit Chuzpe an die Spitze?

Der CEO der Messe, Ali Güreli, äußert sich in der türkischen Zeitung Hürriyet optimistisch: Nach China, Indien und dem Iran steht aus seiner Sicht die türkische Kunst kurz davor, von den internationalen Kunstliebhabern entdeckt zu werden. Davon soll auch die Messe profitieren. 2006 lautete noch das Ziel für 2010, dass man unter den Top 10 landen wolle, was – wenn man ehrlich ist – nicht wirklich erreicht wurde. Das ficht die Macher der CI nicht an. Statt kleinere Brötchen zu backen, wird ein neues, noch höheres Ziel gesteckt: Istanbul soll einer der Top-5-Messestandorte werden.

Das ist ehrgeizig. Es macht Spaß, eine Messe zu sehen, die ihre Ambitionen mit so viel Chuzpe verfolgt. Die Chancen, eine prominente Rolle im näheren internationalen Umfeld – Südosteuropa, Nordafrika, Naher Osten, Arabien, den ehemaligen südwestlichen Sowjetrepubliken – zu erlangen, scheint angesichts der noch kaum abgesteckten Claims in dieser Region gar nicht so unrealistisch zu sein.

2009 wurde bereits eine syrische Plattform auf der CI integriert. In Istanbul öffnete sich dieser weitgehend unbekannte Kunstmarkt, der bislang noch kein Galeriensystem entwickelt hat, damit erstmals einem breiteren ausländischen Publikum. Auch iranische Kunst wurde bereits erfolgreich nach Istanbul geholt.

Istanbul – Berlin

Es leuchtet ein, dass die Contemporary Istanbul auch Brücken in andere Städte baut wie zum Beispiel in die Kunstmetropole Berlin mit ihrer starken türkischen Community. Das „CI Dialogues"-Programm fand 2009 direkt in Berlin statt, während sich mehrere Berliner Galerien auf der Messe präsentierten. Die Beziehung zwischen der deutschen Hauptstadt und Istanbul soll in den kommenden Jahren weiter gefestigt werden.

Es fehlt nicht am Willen, die CI ganz nach vorne zu führen. Güreli hat einen 20-jährigen Vertrag mit der Messe geschlossen und verfügt außerdem über ein Exklusivrecht für zeitgenössische Kunstmessen in Istanbul. Vor Ort kann ihm also niemand den Rang streitig machen. Es herrscht kein Zweifel: Sollte das aktuelle Ziel nicht erreicht werden, wird die CI nicht aufgeben. Eher entwickelt man eine neue, noch höher gehängte Vision.

Brücke nach Berlin: Die Contemporary Istanbul sucht den Austausch mit der Berliner Kunstszene. Hier: Der Berliner Künstler Christian Awe im Gespräch mit Ali Güreli, dem wirtschaftlichen Leiter der Messe.

Stadt	Istanbul
Veranstaltungsort	Istanbul Lütfi Kırdar Convention and Exhibition Centre (ICEC)
Datum	Ende November/Anfang Dezember
Gegründet	2006
Schwerpunkte	Türkische und internationale zeitgenössische Kunst.
Galerien	73
Besucher	52.000
Rahmenprogramm	After Art: Social Events und Sonderveranstaltungen auf der Messe und in der Stadt.
	CI Dialogues: Konferenz- und Dialogprogramm in Istanbul und in Partnerstädten.
	Special Projects: Wechselnde kuratierte Sonderschauen.
Leiter	CEO: Ali Güreli
	Künstlerischer Leiter: Emin Mahir Balcıoğlu
Internet	www.contemporaryistanbul.com

ART BASEL MIAMI BEACH

Es gibt Stimmen, die sagen, die Art Basel Miami Beach sei längst keine Messe mehr, sondern ein Society-Ereignis, dessen eigentlicher Kern – die Messe selbst – bisweilen fast unsichtbar werde. Das ist wahr und unwahr zugleich. Zum Einen beruft sich die Art Basel Miami Beach auf die gleichen Qualitätskriterien wie die Art Basel – für die Top-Galerien aus aller Welt ist sie ein Muss. Wer hierherkommt, zeigt Neues, Spektakuläres, Teures. Auf der anderen Seite geht die Messe in einem immensen Grundrauschen an Nebenveranstaltungen, Partys und Promiauftritten auf. Wenn Paris Hilton beim Versuch, auf ihrem Gang durch den Design District ein Sandwich zu nehmen, von einem Journalistenpulk umlagert wird, stellt sich bisweilen die Frage: Wo sind die Grenzen zwischen banaler Realität und Performance, und wer ist der Star – die Kunst, der Künstler, der sandwichessende Promi?

Die Prominenten auf der Art Basel Miami Beach gefallen sich dabei, die Metropole in Florida als Bühne zu nutzen, um sich selbst als Sammler oder besser gleich als Künstler in Szene zu setzen. Rock-Legende Lenny Kravitz lud zu einer Party in dem von ihm selbst gestalteten „Florida Room" im Delano Hotel ein, Sylvester Stallone brachte tatsächlich vier seiner Bilder auf der Messe unter.

In der Sektion „Art Positions" erhalten neue Galerien die Möglichkeit, innovative künstlerische Ansätze zu präsentieren – sehr oft auf beachtlichem Niveau. 2009 besonders beeindruckend: Gwenneth Boelens' „Collage Machine" bei der Berliner Galerie Klemm's.

Gwenneth Boelens: Collage Machine. 2006. Wall installation consisting of 88 prints loosely pinned on the wall, 413 x 286 cm.

Links
Ein sensationeller Einstand für den Pace-Gallery-Neuling Sterling Ruby: Seine gigantische, vier Meter hohe Polyurethan-Skulptur „American Risk" wurde 2009 für 250.000 US-Dollar verkauft.

Sterling Ruby: American Risk. 2009. PVC pipe, foam, urethane, wood, spray paint and formica, 422 x 229 x 183 cm.

Und es ist die demokratischste aller Bühnen, die hier zur Verfügung steht, denn jeder, der etwas zu bieten hat, kann erhört werden. Dafür bedarf es allerdings auch einer hinreichend lauten Stimme in diesem Kaleidoskop der Selbstdarstellung. Man nehme allein die Sammler, die an vielen anderen Standorten dezent und bedächtig agieren. Nicht so in Miami, wo sich allein ein knappes Dutzend der weltweit führenden Sammler mit ihren Villen schart. Sie lassen sich in den Tagen der Messe feiern, als sei die Kunstschau ihre eigene Veranstaltung. Sie treten öffentlich auf, geben Interviews und richten ihre Privatsammlungen in Sonderausstellungen her, zu denen sie ausgewählte Gäste einladen. Don und Mera Rubell laden in ein ehemaliges Polizei-Lagerhaus für beschlagnahmte Drogen und zeigen dort Auszüge aus ihrer gut 6.000 Werke umfassenden Sammlung. Und die Exil-Kubaner Carlos und Rosa de la Cruz laden eben mal 5.000 Personen zu ihren Messeempfängen im eigenen Palazzo ein.

Fast zehn Jahre lang hing Peter Doigs zauberhaftes Großformatgemälde „Kriket" in einer Berliner Privatwohnung – aus einer Zeit, als Doig noch für niedrige fünfstellige Beträge zu haben war. Der Besitzer musste sich, von der Last der Versicherungskosten gepeinigt, von seinem Doig trennen. Die Galerie Contemporary Fine Arts spielte damit 2007 in Miami rund zwei Millionen Euro ein.

Peter Doig: Kriket. 1998. Oil on canvas, 190 x 275 cm.

Bist du nicht dabei, bist du out

Die Messe ist ein Lifestyle-Indikator. Also sind sie alle da: Calvin Klein, Tommy Hilfiger, Naomi Campbell gemeinsam mit Boris Beckers Ex-Frau Barbara Becker, Elle Macpherson, Faye Dunaway – von Julian Schnabel über die Messe geführt, Keanu Reeves, Pamela Anderson in atemberaubend grässlichen Hot Pants und in Begleitung des Fotografen und Regisseurs David LaChapelle, Val Kilmer, Venus Williams, Shakira, Beyoncé Knowles in schwindelerregend hohen Pumps gemeinsam mit ihrem Ehemann, dem Hip-Hopper Jay-Z, Gloria Estefan – die Liste ließe sich endlos fortsetzen.

Rechts
Seit den frühen Siebzigerjahren hat Duane Hanson lebensgroße Skulpturen von Amerikanern geschaffen. Ihre Werke werden auf vielen Kunstmessen auf der ganzen Welt ausgestellt, wie hier auf der Art Basel Miami Beach 2008.

Duane Hanson: Tourists II. 1988. Fibreglass and mixed media, with accessories, life size.

Canon
QL
FRANCE
AWAITS

Es wird gefeiert, und das dekadenter, wilder und glamouröser als anderswo – die Frieze Art Fair eingeschlossen. Als legendärer Höhepunkt wird heute noch die Launch-Party für David LaChapelles „Artists and Prostitutes" von Kunstverleger-Größe Benedikt Taschen im Jahr 2005 gehandelt, auf der die Party-Ikone und LaChapelle-Muse Amanda Lepore blank zog. Am Ende landete sie auf den Schultern Taschens – der allerdings bekleidet blieb – im Pool.

Oben
Viele Prominente nutzen die Art Basel Miami Beach, um sich als Sammler – oder gleich als Künstler – in Szene zu setzen. So wie Sylvester Stallone, der 2009 vier Bilder aus eigener Hand auf der Messe präsentierte (Stallone rechts neben US-Milliardär Steve Wynn).

Rechts
Pamela Anderson ließ es sich 2008 nicht nehmen, die Art Basel Miami Beach als Show für sich zu nutzen: Zusammen mit ihrem Freund, dem Fotografen David LaChapelle, schlenderte das Ex-Playmate durch das Miami Beach Convention Center – ohne Hosen.

Geplanter Glamour

„Dieser Starappeal war von Anfang an Teil des Konzepts", sagt Lorenzo Rudolf, der als Leiter der Art Basel die Planung des amerikanischen Ablegers maßgeblich mitgestaltet hat. Dem pflichtet Peter Vetsch, damals Kommunikationsleiter der Messe, bei: „Allerdings hatte niemand geahnt, dass die Sache solche Ausmaße annehmen würde." Dabei stand die Messe für kurze Zeit auf der Kippe, bevor sie überhaupt beginnen konnte: Als man 2001 bereits inmitten der Planungen für das Debüt des Kunstschau-Ablegers in Florida stand, änderte sich mit den Terroranschlägen am 11. September über Nacht alles. Die Messe musste abgesagt, der Start um ein Jahr verzögert werden. Das war nicht nur ein logistischer, sondern auch ein finanzieller Kraftakt. Man spricht von einem Verlust in Höhe von gut vier Millionen US-Dollar.

Heute ist – aus Sicht der Kunst ebenso wie aus Society-Perspektive – die Art Basel Miami Beach die vielleicht einzige Messe, die der Schwestermesse Art Basel das Wasser reichen kann. Der Balanceakt, bei fast 300 Galerien die Qualität zu halten und gleichzeitig noch Trendsetter zu sein, fällt in Florida tendenziell schwerer als in der Schweiz. Das hat damit zu tun, dass der amerikanische Markt wankelmütiger ist und die Armory Show als inländischer Herausforderer an ihrem Standort auf eine vielfältigere Kunstszene und -infrastruktur zurückgreifen kann. Außerdem ist der Glamour ein integrativer Bestandteil des Messekonzepts. Da müssen alle Beteiligten etwas lauter und schriller sein, auch die Galeristen und Künstler, so wie Xu Zhen, der seine Assistenten in Affenkostüme steckte und sie die Besucher umarmen ließ. Immer mehr Kritiker fragen allerdings: Geht dieses Konzept in Zeiten der Wirtschaftskrise auf? Kann es für die Art Basel Miami Beach überhaupt so etwas

Rechts
2009 präsentierte die Galerie Deitch Projects das spektakuläre „Equestrian Portrait of King Philip II" von Kehinde Wiley. Es zeigt Michael Jackson in der Pose des spanischen Königs – ein Werk, das Jackson zu Lebzeiten bei Wiley in Auftrag gegeben hatte.

Kehinde Wiley: Equestrian Portrait of King Philip II. 2009. Oil on canvas, 352 x 311 cm.

Reduziert, menschenleer und mit hoher emotionaler Distanz schildert Dirk Skreber in seiner Bilderreihe „It Rocks Us So Hard Ho Ho Ho" den Schrecken von Verkehrsunfällen. Skreber reduziert Foto-Vorlagen auf ein bildsprachliches Minimum. Damit ironisiert der deutsche Maler die gnadenlose Bildsprache der modernen Medienwelt – eine Kritik, die nirgendwo so wirksam auf einer Kunstmesse platziert werden kann wie auf der extrem mit den Medien kokettierenden Art Basel Miami Beach, hier im Jahr 2009.

Dirk Skreber: It Rocks Us So Hard Ho Ho Ho 7. 2003. Oil on canvas, 170 x 300 cm.

wie Normalisierung geben? Die Erfahrungen aus 2008 und 2009 zeigen: Ja, die Messe schafft es auch etwas leiser und weniger marktschreierisch. Es bedarf hierfür aber auch einer konzeptionellen Anpassung.

Ein stärkerer Fokus?

Die Frage lautet daher: Braucht die Art Basel Miami Beach ein höheres Maß an Konzentration? Ein Weniger an Größe und Gigantismus, ein Mehr an Übersichtlichkeit und Understatement? Das von „The Art Newspaper" unlängst als „unheilig groß" gegeißelte Messe-Areal mit seinen gut 47.000 Quadratmetern zu durchforsten, geht jedenfalls allen Besuchern an die Substanz. Die nicht immer ganz stimmige Aufteilung der Sektionen und die tendenziell unübersichtliche Anordnung der Kojen tragen hier keineswegs zur Linderung bei. Während man in Basel zumindest noch mit der Wahl zwischen dem oberen Geschoss – Zeitgenössisches und Junges – und dem unteren Geschoss – Klassiker der Moderne – eine Grundsatzentscheidung treffen kann, ahnt man in Miami bisweilen gar nicht, in welcher Sektion der Messe man sich gerade befindet.

Der Markt lebt

Miami ist einer der Orte, an denen die ganz großen Preisschilder gezogen werden. Bei aller Diskretion, die man in Basel und Miami walten lässt, sprechen die durchgesickerten Zahlen für sich: Die New Yorker Galerie Matthew Marks bot 2007 Andreas Gursky für 900.000

US-Dollar an, die Kewenig Galerie aus Köln 2009 einen gigantischen (2,10 x 5,60 Meter) Anselm Kiefer für 1,8 Millionen US-Dollar. David Zwirner aus New York leistete es sich sogar, 2009 mit Neo Rauch und Luc Tuymans gleich zwei Namen zu bringen, die oberhalb der Millionengrenze angesiedelt waren. Blum & Poe meldeten 2007 am zweiten Tag ausverkauft, nachdem sie einen Takashi Murakami für 1,5 Millionen US-Dollar veräußern konnten. Und Mary Boone verkaufte auf einen Schlag fünf Arbeiten von Eric Fischl für zehn Millionen US-Dollar an einen Sammler.

Und da ist noch das leicht bedrohliche Ruhe ausstrahlende „Kriket" von Peter Doig, das nach fast zehn Jahren in einem privaten Zuhause über Contemporary Fine Arts nach Miami kam und für zwei Millionen Euro einen neuen Besitzer fand. Der alte Besitzer dürfte damit seinen eigenen Kaufpreis knapp verhundertfacht haben.

Niedrigpreisige Werke, das sind in Miami solche in den unteren Hundertausendern, gehen hier schnell weg. Länger überlegt wird nur bei Arbeiten oberhalb der 500.000 US-Dollar – aber möglichst nicht zu lange, sonst sind andere schneller.

Messe unter Palmen

Wenn es keine zweite Messe wie die Art Basel Miami Beach gibt, dann hat das ganz wesentlich auch mit der Stadt selbst zu tun. Wer die Messe besucht hat, ohne auf dem Ocean Drive zu schlendern, ohne das milde Wetter unter Palmen zu genießen und ohne das besondere, denkmalgeschützte Art-Deco-Flair dieses Ortes in sich aufzunehmen, der hat etwas falsch gemacht.

Es gibt genügend Gelegenheiten, in das pulsierende Leben einzutauchen, und wer die Zeit nicht ohne Kultur verbringen will, kann sich um eine private Führung durch die Rubell-Sammlung bemühen, eine der vielen Cross-Over-Veranstaltungen besuchen, in die glitzernde Welt des Cartier Domes gleich schräg gegenüber der Messe eintauchen, abends noch ein Konzert an der Ocean Front besuchen und den nächsten Morgen an gleicher Stelle mit einer Diskussionsveranstaltung beginnen.

Entspannt unter Palmen: Das subtropische Flair und die entspannten Events und Partys im besonderen Ambiente Miamis gehören zum Phänomen der Messe, wie hier 2007.

DIE NEBENMESSEN DER ART BASEL MIAMI BEACH

New Art Dealers Alliance (NADA) Art Fair

Die NADA profitiert davon, dass sie kleiner und beweglicher ist als die Art Basel Miami Beach. Folglich kann sie wirkungsvoll junge und mutige Akzente setzen, hervorragend unterstrichen vom charmanten Sechzigerjahre-Charme der Ballsäle mit ihren kitschig-illustren Kronleuchtern im Deauville Beach Resort unmittelbar am Atlantik-Strand. So schön die Lage auch ist, die Entscheidung, sich hier anzusiedeln, war mutig, denn die NADA begab sich damit in die nördliche Peripherie von Miami.

Das Publikum lässt sich durch die längere Anfahrt aber nicht vergrätzen: Viele Sammler und Kritiker sind sich einig, dass die NADA Art Fair ein Muss im Umfeld der großen Art Basel Miami Beach darstellt. Große Sammler wie Susan und Michael Hort oder Marty und Linda Eisenberg lassen sich zur vormittäglichen NADA Preview blicken, obwohl die Familie Rubell zum selben Zeitpunkt ihr Family Collection Brunch Viewing veranstaltet. Potenzielle Käufer tun gut daran, sich zu beeilen, denn 2009 meldete auf der NADA Art Fair bereits eine Stunde nach der Eröffnung eine große Zahl der Galerien ausverkauft.

Die NADA wird für ihr konsequent junges Profil geschätzt. Die Preise sind moderat, mehr als 50.000 US-Dollar kosten hier nur wenige Werke. Gemessen an der durchgehend guten Qualität des Angebots, ist das sehr bemerkenswert.
www.newartdealers.org

Art Miami

Natürlich gab es auch vor dem Beginn der Art Basel Miami Beach eine Kunstlandschaft in Miami. Die 1990 gestartete Art Miami ist durch den Auftritt des Baseler Schwergewichts arg in Bedrängnis geraten. Die Art Miami suchte die Flucht nach vorne, indem sie ihren Termin änderte und in das Satellitenprogramm der Art Basel Miami Beach einschwenkte. Sie öffnet jetzt jeweils kurz vor der großen Messe und sichert sich so eine gewisse Early-Starter-Aufmerksamkeit.

Abgesehen vom Terminwechsel zeigt sich die Kunstschau selbstbewusst und tut ein wenig so, als gäbe es gar keine übermächtige Konkurrenz. Statt auf neue Galerien, junge Kunst oder bestimmte Regionen zu setzen, hat die Art Miami die Chuzpe, ein Vollprogramm anzubieten, denn man richtet sich an Stammpublikum: Die Art Miami war seit jeher die Messe der lokalen Sammler und hat in diesen Kreisen bis heute eine große Anhängerschaft. Auch wenn die anderen Messen im jungen Bereich teilweise etwas pointierter sind und die Art Miami bei arrivierter Kunst viel Secondary-Market-Ware anbietet, schaut es ganz gut und ordentlich aus, was einem dort in den Zelten nahe des Design Districts begegnet. Gelegentliche Ausreißer sind zu verschmerzen.
www.art-miami.com

Pulse Miami

Ähnlich wie ihre Schwester in New York hat sich die Pulse Miami im jungen, etwas innovativeren Sektor positioniert. Insgesamt überzeugt die Messe durch einen gewissen Mut, zu dem sich ein großer Teil der Galerien mitreißen lässt.

Unter anderem gelang der Pulse der Coup, Takashi Murakamis „Geisai"-Talentshow für – leider nur – zwei Jahre nach Miami zu holen. Geisai ist ein erfolgreich in Asien erprobtes

Format. Murakami holt über das Internet Bewerbungen von Künstlern ein und lässt ein Komitee die besten zwanzig auswählen, die dann mit auf die Messe genommen werden.

Ein kluger Schachzug war, dass die Pulse Miami sich den Ice Palace unter den Nagel gerissen hat, nachdem die NADA Art Fair in den Norden von Miami Beach gezogen war. Die Location ist allseits beliebt bei Ausstellern und Gästen.
www.pulse-art.com

Scope Miami

Die Scope Art Show, die in New York so sehr durch ihren interdisziplinären Witz und in Basel durch ihre kuratorische Stringenz überzeugt, tut sich in Miami aus irgendeinem Grund schwer. Jahr für Jahr gelingt es ihr nicht so recht, die wirklichen Top-Namen unter den jungen Galerien an sich zu binden. Stattdessen gibt es eine qualitative Spannbreite: von durchaus ernstzunehmenden Galerien, die von der Art Basel Miami Beach abgelehnt wurden, bis hin zu Galerien, deren Angebot eher dem Amateurbereich zuzuordnen ist.

Das recht junge Publikum – von hip bis zu jungen Eltern mit ihren Kindern – nimmt es der Messe bislang nicht übel und strömt weiter in die Soho Studios, in denen die Scope gleich neben einer kleineren Satellitenmesse für asiatische Kunst residiert. Das könnte so bleiben, wenn es der Scope zum Beispiel gelänge, wieder einige spannende europäische Namen zu gewinnen, mit denen sie in ihren Anfangsjahren geglänzt hatte.
www.scope-art.com

Die lokale Kunstsammlerin Karina Maggioni zeigt ihrer Tochter Ananda Mattei eine Arbeit von Nick Cave der Jack Shainman Gallery in New York, während der Art Basel Miami Beach 2009.

Die Aqua Art Miami konzentiert sich besonders auf junge Händler und Galerien, die ihrerseits noch nicht etablierte Künstler vertreten. Verschiedene Galerien haben auf der Aqua ihren Messe-Einstand gegeben. Hier ein Blick in das Aqua Hotel während der Messe 2006.

Aqua Art Miami

Die Aqua Art Miami gehört zu den ganz kleinen Nebenmessen, ist aber durch ihr bezauberndes Ambiente im Aqua Hotel unbedingt einen Besuch wert. Die Räume sind klein und eng, aber was macht das schon, wenn man zwischendurch in das Atrium hinaus kann, wo sich die Gäste in angenehm ausgelassener und intimer Stimmung treffen.

2005 startete die Messe primär als Plattform für Galerien aus dem Nordwesten der USA und avancierte sofort zum Publikumsliebling jener Saison. Mittlerweile sind auch viele Galerien aus anderen Landesteilen dabei. Sie zeigen ein erstaunlich einheitliches und gutes Niveau an junger Kunst.

www.aquaartmiami.com

Fountain New York

Die Fountain Art Fair mit ihrem überwiegend experimentellen Profil stemmt sich gegen das kommerzielle Messemodell. Mit einer sehr kleinen Zahl an jungen und unabhängigen Galerien präsentiert sie sich schräg und unangepasst. Ein Hauch von Guerilla und ein schönes und erfrischendes Gegenkonzept zum glitzernden Celebrity-Kult im Convention Center.

www.fountainexhibit.com

Verge Art Fair Miami
Die Verge Art Fair geht, so wie auch in New York, als klassische Hotelmesse an den Start. Sie konzentriert sich auf eine sehr kleine Zahl von Galerien, die junge Künstler präsentieren.
www.vergeartfair.com

PooL Art Fair Miami
Das nennt man selbstbewusst: Da tituliert sich die PooL Art Fair in Miami selbst als ganz offiziellen „Salon des Refusés" und setzt das auch programmatisch um. Gezeigt werden einzig solche Künstler, die nicht durch Galerien vertreten werden.
www.poolartfair.com

Red Dot Miami
Die Red Dot Miami gehört zu den Nachzüglern in Miamis Satellitenprogramm. Das ist grundsätzlich schon einmal eine schwere Bürde und wird durch die Tatsache verstärkt, dass die Red Dot Miami alles in allem zu wenig eigenes Profil entwickelt, zu wenig aneckt und insgesamt zu sehr im dekorativen Sektor unterwegs ist. In den wirtschaftlich schwierigen Jahren musste sie Federn lassen, und es bleibt abzuwarten, ob sie auch in Zukunft ihren Platz im Umfeld der Art Basel Miami Beach bewahren wird.
www.reddotfair.com

Stadt	Miami Beach
Veranstaltungsort	Miami Beach Convention Center
Datum	Dezember
Gegründet	2002
Schwerpunkte	Internationale Moderne und zeitgenössische Kunst.
Galerien	52
Besucher	42.000
Rahmenprogramm	Art Nova: Sektion, in der Galerien zwei bis drei Künstler mit Werken präsentieren, die maximal zwei Jahre alt sind. Art Positions: Sektion mit jungen Galerien, die junge Positionen präsentieren. Art Institutions: Plattform für Kultureinrichtungen und -organisationen. Art Kabinett: Galerien erhalten die Möglichkeit, in einem separaten Teil ihres Standes eine kleine kuratierte Schau zu zeigen. Art Magazines: Plattform für internationale Kunstperiodika. Art Film/Art Video/Art Perform: Sonderprogramm mit Performances, Filmen, Panels und Konzerten an der Oceanfront. Art Projects: Kuratierte Schau mit Projekten internationaler Künstler im öffentlichen Raum. Art Basel Conversations: Morgendliche Diskussionsveranstaltungen an der Oceanfront. Special Exhibitions + Events: Sonderführungen in Kultureinrichtungen, Ateliers und Sammlungen, Panels und Präsentationen, Signierstunden und Empfänge.
Leiter	Annette Schönholzer und Marc Spiegler
Internet	www.artbaselmiamibeach.com

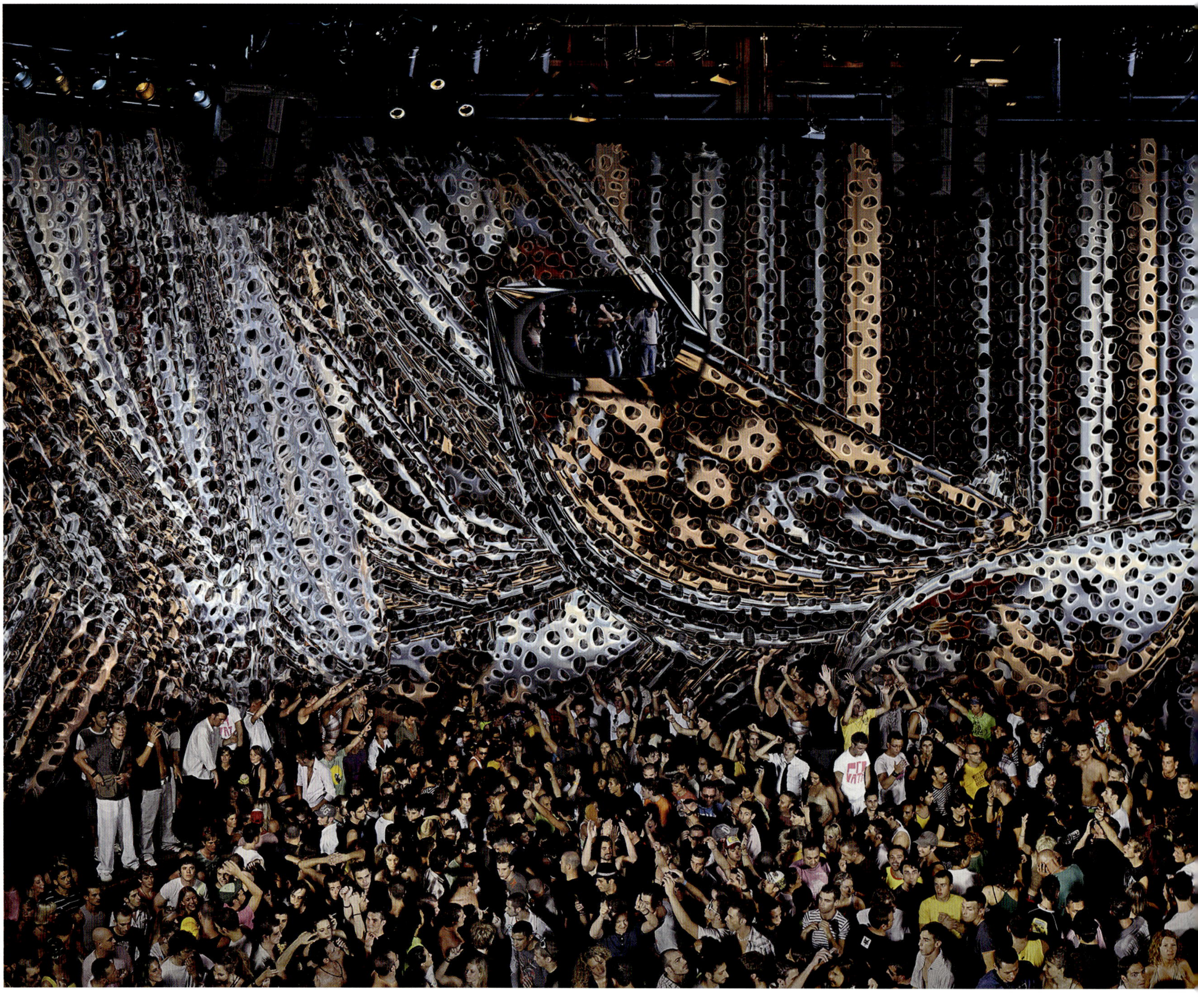

neugerriem-
schneider
E1

neugerriem-
schneider
E1

Bildnachweis

Cover	© VG Bild-Kunst, Bonn 2010/Art Basel
Seite 2–3	Courtesy: Nanzuka Underground/ Foto: Mike Clarke/AFP/Getty Images
Seite 4–5	Foto: Max Maxen
Seite 6	Courtesy: Studio la Città - Verona Foto: Michele Sereni
Seite 8	Courtesy: Galleria Massimo De Carlo Foto: Alessandro Zambianchi
Seite 10	Courtesy: Galleria ZERO, Milano Foto: Art Basel
Seite 12–13	© Hirst Holdings Ltd. and Damien Hirst. All rights reserved/VG Bild-Kunst, Bonn 2010. Foto: Mike Clarke/AFP/Getty Images
Seite 14	Courtesy: Jerald Melberg Gallery Foto: Max Maxen
Seite 15	Foto: Max Maxen
Seite 16	© VG Bild-Kunst, Bonn 2010/ Courtesy: Galleria Massimo De Carlo, Milano
Seite 18	Courtesy: Cokkie Snoei, Amsterdam Foto: OTTI photography / RAI Amsterdam
Seite 19	Courtesy: Francesca Kaufmann, Milano Foto: Art Basel
Seite 20	Copyright: Jérôme Taube/FIAC
Seite 21	Copyright: ArtParis+Guests
Seite 22	Copyright: Clegg & Guttmann. Aus: The Art Collectors. 2008
Seite 23	© VG Bild-Kunst, Bonn 2010/Foto: Art Basel
Seite 24–25	© VG Bild-Kunst, Bonn 2010/Foto: Max Maxen
Seite 26	Courtesy: Bearspace Gallery, London
Seite 27	England & Co., London
Seite 28	Courtesy: Folley Gallery, New York and the artist
Seite 29	Foto: Richard Andersen/London Art Fair
Seite 30	Courtesy: Galleria De Foscherari, Bologna Foto: Francesco Ribuffo
Seite 31	© VG Bild-Kunst, Bonn 2010/ Courtesy: Galerie Voss, Düsseldorf
Seite 33	Foto: Arte Fiera Art First/Courtesy: Galleria Massimo Minini, Brescia, and Francesca Minini, Milan
Seite 34	© VG Bild-Kunst, Bonn 2010. Courtesy: Tucci Russo Studio per l'Arte Contemporanea, Torre Pellice (Torino). Foto: Archivio fotografico Tucci Russo Studio per l'Arte Contemporanea
Seite 36	Foto: Reuters/Parth Sanyal (India Entertainment Society)
Seite 37	Courtesy: Rob Dean Art, London
Seite 38–39	Courtesy: Shrine Empire Gallery, New Delhi Foto: The India Today Group/Getty Images
Seite 40	Foto: Pablo Mesegar/ARCOmadrid
Seite 41	Courtesy: Marlborough Gallery, New York
Seite 42	Courtesy: LM Projects, Los Angeles
Seite 43	Foto: IFEMA
Seite 44	Foto: Rafael Sámano de la Brena/ARCOmadrid
Seite 44–45	Courtesy: Nicholas Metivier Gallery, Toronto, and the artists
Seite 46	Foto: Violeta Lama/IFEMA
Seite 47	Foto: Hirofumi Inaba/IFEMA
Seite 48	Courtesy: Galleria Massimo De Carlo, Milano
Seite 49	Foto: Carrie Villines/The Armory Show
Seite 50–51	Courtesy: Aidan Gallery, Moscow
Seite 52	Courtesy: The artist and Tanya Leighton Gallery, Berlin
Seite 53	© VG Bild-Kunst, Bonn 2010/Courtesy: Ronald Feldman/ Fine Arts, New York/Foto: Hermann Feldhaus
Seite 55	© VG Bild-Kunst, Bonn 2010. Courtesy: Laurent Godin Gallery, Paris
Seite 56	Courtesy: Sies + Höke, Düsseldorf
Seite 58	Foto: Carrie Villines/Volta NY
Seite 60	Courtesy: Kathryn Markel Fine Arts and the artist
Seite 61	oben: Courtesy: Villa del Arte Galleries, Barcelona unten: Courtesy: TAG Fine Arts
Seite 62	Courtesy: Will's Art Warehouse
Seite 63	Foto: Affordable Art Fair
Seite 64	© Zoulikha Bouadbellah, Hani Rashed and Larissa Sansour Courtesy: La B.A.N.K., Paris Foto: Capital D Studio
Seite 65	Courtesy: Art Dubai 2009
Seite 66	Courtesy: October Gallery, London Foto: Capital D Studio
Seite 67	Courtesy: Art Dubai 2008
Seite 68	© Alfredo Jaar/ Courtesy: The artist and kamel mennour, Paris
Seite 69	© VG Bild-Kunst, Bonn 2010/Courtesy: Art Dubai 2008
Seite 70	Foto: François Guillot/AFP/Getty Images
Seite 71	© Marc Domage/ArtParis+Guests
Seite 72–73	© Marc Domage/ArtParis+Guests
Seite 74–75	© Jean-Pierre Attal/ Courtesy: Galerie Olivier Waltman, Paris
Seite 76	Courtesy: Galerie Pierre Marie Giraud, Brussels Foto: Francesco Brasciutti
Seite 77/ Coverrückseite	Foto: Tefaf Maastricht/Bastiaan van Musscher
Seite 78	Foto: Tefaf Maastricht/Loraine Bodewes
Seite 79	© Hirst Holdings Limited and Damien Hirst. All rights reserved/VG Bild-Kunst, Bonn 2010
Seite 80	Courtesy: Michael Goedhuis, London
Seite 82	Courtesy: The artist and Galleria SpazioA, Pistoia
Seite 83	©2010 Vanessa Beecroft. Courtesy: Galleria Lia Rumma, Milan and Massimo Minini, Brescia
Seite 84	Foto: Reuters/Stefano Rellandini (Italy) Courtesy: Associazione Gino De Dominicis
Seite 85	© VG Bild-Kunst, Bonn 2010/Courtesy: z2o Galleria/ Sara Zanin, Roma and Christina Dimitriadis
Seite 86–87	© 2010: Ikki Miyake/Courtesy: Yokoi Fine Art, Tokyo Foto: Keizo Kioku
Seite 88	Courtesy: Tomio Koyama Gallery, Tokyo
Seite 89	Courtesy: Base Gallery, Tokyo, and the artist
Seite 90	Courtesy: Baró Galeria, São Paulo
Seite 91	© VG Bild-Kunst, Bonn 2010/Courtesy: Galerie Nicolai Wallner/Foto: Anders Sune Berg
Seite 92	Courtesy: Fundación La Colección Jumex, Mexico City and KBK Arte Contemporáneo, Mexico City
Seite 94	Courtesy: Galleri Nils Stærk, Copenhagen and the artist
Seite 95	Courtesy: EDS Galeria Mexico City
Seite 96	Courtesy: Nam June Paik Estate and Galerie Hans Mayer, Düsseldorf
Seite 97	© VG Bild-Kunst, Bonn 2010/Courtesy: the artist and Galerie Loevenbruck, Paris
Seite 98	Courtesy: Jeppe Hein, let me show you the world and Circus Hein/Foto: Art Cologne
Seite 99	Privatsammlung, Düsseldorf/Courtesy: Samuelis Baumgarte Galerie/© VG Bild-Kunst, Bonn 2010/ Foto: Picture-Alliance/dpa © dpa-Report
Seite 100	Foto: Picture-Alliance/dpa © dpa-Report
Seite 101	© Gerhard Richter 2010/ Courtesy: Galerie Ludorff, Düsseldorf
Seite 102	Courtesy: Galerie Tedden, Düsseldorf
Seite 104	© VG Bild-Kunst, Bonn 2010/Courtesy: the artists, Galería Salvador Díaz, Madrid and Triumph Gallery, Moscow
Seite 105	Courtesy: Wei-Ling Gallery, Kuala Lumpur.
Seite 106	Courtesy: Aura Gallery, Beijing
Seite 107	Foto: Nelson Ching/Bloomberg via Getty Images
Seite 108	Foto: Frederic J. Brown/AFP/Getty Images
Seite 110	Courtesy: The artist and Galerija Škuc
Seite 111	Courtesy: The artist and Hauser & Wirth
Seite 112	© VG Bild-Kunst, Bonn 2010/ Courtesy: Galerie Rodolphe Janssen, Brussels

Links
Der indische Künstler Chintan Upadhyay bei der Sakshi Gallery auf der Art Taipei 2008. Upadhyay gehört zur neuen Generation der indischen Kunst, bei der sich hinter der glitzernden Fassade einer Bollywood- und Werbeästhetik eine harsche Kritik an den Strukturen der Konsumgesellschaft verbirgt.

Chintan Upadhyay: Untitled07. 2008. Gold leaf and acrylic paint on fibreglass, 152 x 122 x 122 cm.

Seite 216/217
Matthew Marks aus New York bot 2007 auf der Art Basel Miami Beach Andreas Gurskys „Cocoon" für 900.000 US-Dollar an. Mit seinen extremen Großformaten und digitaler Bildbearbeitung hat der deutsche Fotograf eine ganz eigene Ausdrucksform gefunden, die in den letzten Jahren zu steigender Beliebtheit bei den Sammlern geführt hat.

Andreas Gursky: Cocoon I. 2007. C-Print, 212 x 507 cm.

Seite 218/219
Der Berliner Galerie neugerriemschneider eilt bereits der Ruf voraus, durch besondere Messeauftritte zu glänzen. An Brillanz und Schockpotenzial ist ihr Auftritt auf der Art Basel 2005 kaum zu überbieten. Mit Rirkrit Tiravanijas Arbeit „untitled 2001 (no fire no ashes)" wurde die Koje zugemauert und war damit nicht zu betreten. Auf einem der Pflastersteine fanden sich die Worte „ne travaillez jamais", der mystische Wahlspruch der französischen Situationisten, der zugleich als bissiges Statement zum Kunstmarkt zu lesen war. Und der Stand? Statt Ort zu sein, an dem die neuesten Angebote von Jorge Pardo oder David Thorpe feilgeboten werden, wurde er selbst zu einem Teil der Skulptur.

Rirkrit Tiravanija: untitled 2001 (no fire no ashes). 2001. Granite, red rhine stone, dimensions variable.

Seite 113	Courtesy: The artist and Galerie Bourouina, Berlin
Seite 114	© VG Bild-Kunst, Bonn 2010/Foto: Art Chicago
Seite 115	Courtesy: Wilde Gallery Berlin and the artist
Seite 116	Private Collection, USA/ © VG Bild-Kunst, Bonn 2010/ Courtesy: Barbara Krakow Gallery, Boston
Seite 117	Courtesy: Carrie Secrist Gallery, Chicago
Seite 118	Courtesy: Nancy Hoffman Gallery, New York
Seite 119	Courtesy: Kavi Gupta Gallery, Chicago/Berlin, and the artist
Seite 120	© VG Bild-Kunst, Bonn 2010/ Courtesy: Venice Projects, Venice, and the artist
Seite 121	Foto: OTTI Photography/Art Amsterdam
Seite 122	Courtesy: Art Affairs, Amsterdam
Seite 123	Courtesy: Art Affairs, Amsterdam
Seite 124	© Subodh Gupta Courtesy: The artist and Hauser & Wirth, Zurich
Seite 125	Foto: Art HK
Seite 126	Courtesy: Art HK
Seite 127	Foto: Stephen White, London. © The artist. Courtesy: White Cube Gallery, London
Seite 128	Courtesy: Sperone Westwater, New York
Seite 129	Foto: Art HK
Seite 130	Foto: Rolf Haid, dpa/lsw/ picture-alliance/dpa/© dpa-report
Seite 131	Courtesy: Marianne Boesky Gallery, Blum & Poe, Tomio Koyama Gallery
Seite 132	Foto: Reuters/Arnd Wiegmann
Seite 133	Courtesy: David Zwirner, New York und Galerie Eigen+Art, Berlin/Leipzig/ © VG Bild-Kunst, Bonn 2010
Seite 134	Courtesy: The artists, Galerie Eva Presenhuber, Zurich, Galerie Esther Schipper, Berlin, Galerie Frédéric Giroux, Paris, Galerie Mai 36, Zurich/Foto: Art Basel
Seite 135	© VG Bild-Kunst, Bonn 2010/ Courtesy: Mai 36 Galerie, Zürich
Seite 136	Foto: Johannes Simon/Getty Images
Seite 137	Courtesy: carlier I gebauer, Berlin
Seite 138	Foto: Josh Raymond Courtesy: The artist and Anna Schwartz Gallery, Melbourne/Sidney
Seite 141	Courtesy: The artist and Labor, Mexico D F
Seite 142	© VG Bild-Kunst, Bonn 2010/ Courtesy: Artespacio, Santiago de Chile
Seite 143	© Silvio Fischbein
Seite 144	Courtesy: Galería Isabel Aninat, Santiago de Chile
Seite 146	Foto: Sam Yeh/AFP/Getty Images
Seite 147	Courtesy: Fine Art Center, Tainan
Seite 148–149	Courtesy: The artist and Main Trend Gallery, Taipeh
Seite 150	Foto: Matthias Kern/Getty Images/ Courtesy: Galerie Hammelehle und Ahrens, Köln
Seite 151	Courtesy: Galerie Anselm Dreher, Berlin
Seite 152	Courtesy: Michael Stevenson, Cape Town
Seite 153	Courtesy: Plan B, Cluj/Berlin and James-Keith Brown and Eric Diefenbach Collection, New York. Foto: Cathleen Schuster and Marcel Dickhage
Seite 154	Courtesy: Galerie Mehdi Chouakri, Berlin Foto: Jan Windszus
Seite 155	© VG Bild-Kunst, Bonn 2010/ Foto: Arno Burgi/Picture-Alliance/dpa
Seite 157	Foto: Bernd Settnik/Picture-Alliance/dpa
Seite 158	Copyright: Arndt, Berlin Courtesy: Arndt, Berlin and the artist
Seite 159	Courtesy: The artist and Galerie Urs Meile, Beijing-Lucerne
Seite 160	© VG Bild-Kunst, Bonn 2010/ Courtesy: Galerie Hans Mayer, Düsseldorf
Seite 161	Courtesy: Tokyo Gallery+BTAP, Tokyo Foto: ShContemporary
Seite 162	Foto: ShContemporary
Seite 164	Courtesy: Galerie von Braunbehrens, Munich, and the artist
Seite 165	Courtesy: The artist and Arc One Gallery, Melbourne
Seite 166	Courtesy: Walter Bischoff Galerie, Berlin
Seite 167	Courtesy: Simyo Gallery, Seoul
Seite 168	Foto: Ben Stansall/AFP/Ghetty Images
Seite 169	Courtesy:The artist and Corvi-Mora, London
Seite 170	© Richard Prince/Courtesy: Gagosian Gallery Foto: Robert McKeever
Seite 171	© VG Bild-Kunst, Bonn 2010/ Courtesy: Frieze/Foto: Linda Nylind
Seite 172	Foto: Shaun Curry/AFP/Getty Images
Seite 173	Foto: Oli Scarff/Getty Images/Courtesy: John Baldessari
Seite 174	Courtesy: Lisa Cooley Fine Art, New York
Seite 175	Foto: Dave M. Benett/Getty Images
Seite 177	Fundacion Helga de Aavear, Madrid/ © The artist / Courtesy: Galerie Eva Presenhuber, Zurich Foto: Andy Stagg Photography
Seite 178	Foto: Polly Braden / Frieze
Seite 180	Courtesy: Galleria Alfonso Artiaco, Neapel © Luciano Romano
Seite 181	© VG Bild-Kunst, Bonn 2010/Courtesy: Galerie Serge Le Borgne, Paris/Foto: Milan Dakov
Seite 182	Emmanuel Nguyen Ngoc/FIAC
Seite 183	Courtesy: Galerie Jocelyn Wolff, Paris Foto: François Doury
Seite 184	Courtesy: Museo Nacional Centro de Arte Reina Sofía, Madrid, Kimsooja Studio, Raffaella Cortese's Gallery, Milan Foto: Jaeho Chong
Seite 185	Courtesy: Pilar Corrias Gallery, London
Seite 186	© VG Bild-Kunst, Bonn 2010/ Foto: Abaca Chauveau Nicolas/Picture-Alliance/dpa
Seite 187	Foto: Reuters/Charles Platiau
Seite 189	Foto: Cutlog
Seite 190	Courtesy: Woolff Gallery, London
Seite 191	© VG Bild-Kunst, Bonn 2010/Foto: Iakub Henschen
Seite 192	© Cal Lane. Courtesy: Art Mûr, Montréal
Seite 194	Courtesy: Gallery TaiK, Helsinki and Berlin, and the artist
Seite 195	Courtesy: Francesca Minini, Milan, and the artist
Seite 196	Foto: Max Tomasinelli/Artissima
Seite 197	Courtesy: Maureen Paley, London
Seite 198	Courtesy: Galerie Croy Nielsen, Berlin
Seite 200	Courtesy: Artist Çukurcuma, Istanbul
Seite 201	© VG Bild-Kunst, Bonn 2010/Foto: EPA/Kerim Okten/ © dpa–Report
Seite 202	Courtesy: The artist, Istanbul
Seite 203	Foto: Contemporary Istanbul
Seite 204	Courtesy: The Pace Gallery, New York/Peking
Seite 205	Courtesy: The artist and Klemm's, Berlin
Seite 206	Courtesy: Contemporary Fine Arts, Berlin Foto: Jochen Littkemann
Seite 207	© VG Bild-Kunst, Bonn 2010/Foto: Alexander Tamargo/ Getty Images
Seite 208	linkes Foto: John Parra/WireImage rechtes Foto: Gustavo Caballero/Getty Images
Seite 209	Courtesy: Deitch Projects, New York
Seite 210	Courtesy: The artist and Blum & Poe, Los Angeles
Seite 211	Foto: Max Maxen
Seite 213	Foto: Charlotte Southern/Bloomberg via Getty Images
Seite 214	Foto: Adam L. Weintraub/Aqua Art
Seite 216–217	© Andreas Gursky/VG Bild-Kunst, Bonn 2010/ Courtesy Mattew Marks, New York
Seite 218–219	Courtesy: neugerriemschneider, Berlin
Seite 220	Foto: Sam Yeh/AFP/Getty Images
Seite 222	Foto: François Guillot/AFP/Getty Images

Links
Der deutsche Modefotograf Peter Lindbergh ist bekannt für seine glamourösen Bilder von Models. Dieses Foto von Naomi Campbell war auf der FIAC 2009 zu sehen.

Peter Lindbergh: Naomi Campbell, Italian Vogue, Deauville, France. 1988.
Fine Gelatine Siver Print, 120 x 180 cm.

Impressum

Autor
Henry Werner

Projektleitung
Susanne Mendack

Konzeption, Projektkoordination
Palmedia Publishing
Services GmbH,
Berlin

Gestaltung
Felgner & Zierke,
Berlin

Lithografie
Jung Produktion,
Düsseldorf

Druck
Gorenjski Tisk,
Kranj, Slowenien

Herausgeber
Feymedia Verlagsgesellschaft mbH
Kaiserswerther Straße 115
D-40474 Düsseldorf

T: +49.211.650 44 83-0
F: +49.211.650 44 83-19
E: info@feymedia.net
www.feymedia.net

ISBN: 978-3-941459-16-8

12.-
/18